pauker.

W0390287

# Abschluss2022

## Hauptschulprüfung Baden-Württemberg

Name: ____________________

Schule: ____________________

Klasse: ____________________

hutt lernhilfen

Redaktionsadresse:
Unterhäuser Straße 1 · 70597 Stuttgart
T 0711 767150 · F 0711 7671511
info@pauker.de · www.pauker.de

hutt.lernhilfen ist eine Marke der
Bergmoser + Höller Verlag AG
Karl-Friedrich-Straße 76
52072 Aachen

T 0241 93888123
F 0241 93888188
kontakt@buhv.de

Umsatzsteuer-Id.Nr.: DE 123600266
Verkehrsnummer: 10508
Handelsregister Aachen HRB 8580

Vorstand:
Andreas Bergmoser
Peter Tiarks

Aufsichtsratsvorsitz:
Holger Knapp

Autoren/Aurorinnen:
Jasmin Johner, Simone Grohmann, Karin Ongaro,
Anja Silberzahn (Deutsch)
Gundula Heidenreich, Joachim Krick (Mathematik)
Joachim Krick, Annika Leal Mayer (Englisch)

Lektorat:
Antonia Aleker, Isolde Bacher, Kevin Koch,
Joachim Krick, Magdalena Noack, Werner Wirth

Gestaltung: Hanne Hutt

Umschlag:
Konzeption + Gestaltung:
Hanne Hutt
Fotografie:
Anna Leippe



Ausgabe 2021/2022

ISBN: 978-3-88997-821-9

# Inhaltsverzeichnis

## Deutsch – Lösungen



Die Lösungsvorschläge in den Schreibaufgaben sind als Orientierungshilfen gedacht. Andere Lösungen werden dadurch keineswegs ausgeschlossen.

## Mathematik – Lösungen



Die Lösungswege in Mathematik orientieren sich am Bildungsplan des Hauptschulbildungsgangs Baden-Württemberg.

## Englisch – Lösungen



Die Lösungsvorschläge im Teil „Writing" sind als Orientierungshilfen gedacht. Andere Lösungen werden dadurch keinesfalls ausgeschlossen.

# Textverständnis

## 1. Richtiges Zitieren

Keine Musterlösungen

## 2. Wörterbuchgebrauch

### 1. Wörterbucheinträge deuten

- Der Strich steht dafür, dass es in diesem Fall keinen Plural gibt.
- Das Wort wird im Fachgebiet Medizin verwendet.
- to-xi-ko-lo-gisch

### 2. Wörterbucheinträge deuten

- Die Unterstreichung zeigt an, wo die Betonung des Wortes liegt.
- die Mienen
- Mine ohne ie bezeichnet einen Bergwerksstollen, in dem z. B. Gold oder Kohle abgebaut wird. Das ist also ein anderes Wort und wird deshalb ohne „ie" geschrieben.

### 3. Wörterbucheinträge deuten

- Das ø erklärt die Aussprache, es wird als ö gesprochen.
- Abk. steht für Abkürzung.
- In-for-ma-ti-ons-sys-tem

### 4. Worttrennungen

a) Vor-ver-kauf
The-a-ter-auf-füh-rung
Schau-spiel-haus
Pre-mi-e-re
Schne-cken-haus

b) In-di-vi-du-al-tou-ris-mus
Durch-füh-rungs-be-stim-mung
Rei-se-rück-tritts-ver-si-che-rung
Aus-lands-kran-ken-ver-si-che-rung
Ak-ti-en-ge-sell-schaft

### 5. Abkürzungen auflösen

| | |
|---|---|
| m. E. | meines Erachtens |
| lfd. | laufend |
| ca. | circa, zirka |
| Lkw, LKW | Lastkraftwagen |
| n. Chr. | nach Christus, nach Christo |
| Hbf. | Hauptbahnhof |
| ggf. | gegebenenfalls |
| vgl. | vergleiche |
| z. T. | zum Teil |
| Anm. | Anmerkung |

### 6. Fremdwörter bilden

a)

| | | |
|---|---|---|
| -vention, -jekt | Sub- | **Sub**vention; **Sub**jekt |
| -nomen, -duktion | Pro- | **Pro**nomen; **Pro**duktion |
| -logie, -metrie | Geo- | **Geo**logie; **Geo**metrie |
| -demie, -lepsie | Epi- | **Epi**demie; **Epi**lepsie |
| -logie, -top | Bio- | **Bio**logie; **Bio**top |

b)

| | |
|---|---|
| Per-/per- | Per**formance**, Per**sonifikation**, per**fekt**, per**iodisch** |
| Mikro-/mikro- | Mikro**skop**, Mikro**fon**, mikro**biologisch**, mikro**kosmisch** |
| Trans-/trans- | Trans**fer**, Trans**formation**, trans**atlantisch**, trans**kontinental** |
| Anti-/anti- | Anti**these**, Anti**pathie**, anti**bakteriell**, anti**autoritär** |
| Sym-/sym- | Sym**bol**, Sym**posium**, sym**pathisch**, sym**metrisch** |

## 3. Sachtexte

### Sachtext 1: „Ein Bienenvolk für den heimischen Balkon“

### 1. Richtige und falsche Aussagen ankreuzen

| | richtig | falsch |
|---|---|---|
| Ein Bienenvolk kann bis zu 40 Kilo Honig im Jahr produzieren. | x | |
| Vor Bienenangriffen muss man sich mit spezieller Ausrüstung schützen. | | x |
| Um ein Bienenvolk zu mieten, benötigt man einen Balkon im Grünen. | | x |
| In Deutschland werden Obst und Gemüse überwiegend von Bienen bestäubt | x | |

### 2. Aussage in eigenen Worten erklären

a) Der Imker ist allergisch auf Bienenstiche. Deshalb könnte man meinen, er vermietet die Bienenstöcke, um die Tiere loszuwerden. Dies ist aber nicht der Fall. Er möchte einen Beitrag zum Naturschutz leisten.

b) Die Isamuchamedows sind noch am Anfang mit ihrer Idee, aber bald werden die ersten Verträge abgeschlossen.

### 3. Tabelle vervollständigen

| | | |
|---|---|---|
| a) | Name des Autors / der Autorin | Andrea Jenewein |
| b) | Name des Hobbyimkers / der Hobbyimkerin | Maxim Isamuchamedow |
| c) | Honigertrag | 15 bis 40 Kilo im Jahr |
| d) | Platzbedarf für einen Bienenstock | freie Fläche von 4 qm |
| e) | Miete für einen Bienenstock | 150 bis 195 Euro im Monat |

### 4. Textbelege für Aussagen finden

- „Vielmehr müsse man Angst davor haben, dass es irgendwann keine Bienen mehr gibt, denn die Bienen sind bedroht." (Z. 14 f.)
- „Schon Albert Einstein sagte 1949: ‚Wenn die Biene einmal von der Erde verschwindet, hat der Mensch nur noch vier Jahre zu leben. Keine Bienen mehr, keine Bestäubung mehr, keine Pflanzen mehr, keine Tiere mehr, keine Menschen mehr.'" (Z. 17 – 21)
- „Wichtiger als der Honigertrag, so hofft er, sollte den Mietern aber der Nutzen der Bienen für die Menschen und die deutsche Landwirtschaft sein. ‚Wir hoffen, durch das Projekt die Menschen darüber aufzuklären, was ihre Lebensgrundlage ist: 80 Prozent des Obsts und Gemüses aus Deutschland wird von Bienen bestäubt', sagt Isamuchamedow." (Z. 68 – 74)

### 5. a) Fragen an Maxim Isamuchamedow formulieren

- Wie kann ich mich für den Bienenschutz einsetzen, wenn ich selbst nicht die Möglichkeit habe, einen Bienenstock zu mieten?
- Wie wird man eigentlich Imker/-in?

### b) Möglichkeit für den Bienenschutz beschreiben

Wer einen Garten oder einen Balkon hat, kann z. B. Wiesenblumen aussäen, um den Bienen Nahrung zu bieten. Außerdem kann man ein flaches Wasserschälchen sicher auf das Fensterbrett stellen oder mit einfachen Mitteln, wie Stöckern, ein Insektenhotel basteln und es draußen anbringen.

## Sachtext 2: „So viel kosten Büroflächen in deutschen Großstädten"

### 1. Thema der Grafik

In der Grafik geht es um die Mietpreise für Büroflächen in sieben miteinander verglichenen deutschen Großstädten. Dazu sind die Messergebnisse für die Spitzenmieten und die Durchschnittsmieten sowie der jeweilige Gesamtbestand anhand verschiedener Symbole (Säulen für die Mieten, Kreise für den Bestand) abgebildet.

### 2. Fehler in der Zusammenfassung

Ein Vergleich der acht angegebenen Städte fällt schwer, wenn man sich auf mehr als einen Vergleichsfaktor bezieht. So ist der Gesamtbestand der Büroflächen in München zwar fast doppelt so hoch wie in Stuttgart und höher als in jeder anderen der aufgeführten Städte, doch das bedeutet nicht, dass deshalb die Büroflächen günstiger sind. Im Gegenteil: München ist die teuerste Stadt bei den Spitzenmieten und nimmt den dritten Platz bei den Durchschnittsmieten ein. Berlin hingegen belegt zwar Platz 2, was die teuersten Durchschnittsmieten betrifft, liegt bei den Spitzenmieten jedoch deutlich hinter München: Der Unterschied beträgt mehr als 4 Euro pro Quadratmeter.

**3. Richtige und falsche Aussagen ankreuzen**

| | richtig | falsch |
|---|---|---|
| Hamburg hat weniger Büroflächen als Berlin, aber mehr als Frankfurt. | x | |
| Hamburgs Durchschnittsmiete ist höher als die von Düsseldorf, aber niedriger als die von München. | | x |
| Frankfurt ist in seiner Spitzenmiete so teuer wie Stuttgart und Köln zusammen. | | x |

**4. Richtige Antwort wählen**

Richtig ist Antwort 2.: Aus der Grafik lässt sich das Verhältnis von Durchschnittsmiete zu Spitzenmiete bei Büroflächen errechnen.

## Sachtext 3: „Was tun, wenn dich die ‚Cops' anhalten?"

**1. Elemente in Tabelle einordnen**

| | | | | |
|---|---|---|---|---|
| **Titel** | 1.<br>*The Hate U Give* | 2.<br>*Was tun, wenn dich die „Cops" anhalten?* | | |
| **Figuren/ Personen** | 3.<br>*Angie Thomas* | 4.<br>*Katrin Hörnlein* | 5.<br>*„eine Kollegin"* | 6.<br>*Starr* |
| **Rollen** | 7.<br>*Romanautorin* | 9.<br>*Journalistin* | 8.<br>*Romanautorin* | 10.<br>*Hauptfigur des Romans* |
| **Zitate** | 12.<br>*„Ich will, dass die Leute sehen, was da draußen los ist!"* | 13.<br>*„Es ist schwer, diesen Roman zu lesen, ohne gemeinsam mit Starr abwechselnd wütend zu werden (...)."* | 11.<br>*„Wenn ich über Außerirdische schreiben kann, warum nicht auch über Schwarze."* | |

## 2. Richtige und falsche Aussagen ankreuzen

| | richtig | falsch |
|---|---|---|
| Angie Thomas las als Mädchen gerne Harry-Potter-Bücher. | x | |
| Angie Thomas ist heute 30 Jahre alt. | x | |
| Angie Thomas kommt aus Jackson, einem Vorort von New York. | | x |
| Angie Thomas erzählt die Geschichte der beiden Freunde Starr und Khalil. | x | |
| Angie Thomas versuchte sich eine Zeit lang als Rapperin. | x | |

## 3. Richtige Antwort ankreuzen

| | | |
|---|---|---|
| a) | selbst ein Vorbild sein und anderen zeigen, dass auch eine junge schwarze Frau erfolgreich Bücher schreiben kann. | x |

## 4. Erklärung der Aussage

Der Satz bedeutet, dass gerade jene Menschen, die sich selbst als tolerant gegenüber Menschen aller Hautfarben ansehen, Angst vor Schwarzen haben und mit Vorurteilen behaftet sind, zum Beispiel jenem, dass Schwarze kriminell seien.

## 5. Hintergrund der Ratschläge

Die Eltern sind sich bewusst, dass es Polizeigewalt von weißen Polizisten gegen Schwarze gibt, insbesondere, wenn sich die Polizisten durch die Handlungen der Schwarzen gefährdet fühlen.

## 6. Eigene Erfahrung zum Thema Diskriminierung und Vorurteile

a) Meine Eltern stammen aus Ghana. Wenn ich mit meiner Familie essen gehe, kommt es öfter vor, dass die Bedienung automatisch annimmt, dass wir kein Deutsch können. Die Menschen sprechen dann oft in unvollständigen Sätzen und extra laut.

b) In der achten Klasse kam ein Junge zu uns, der ziemlich übergewichtig war. Deshalb bin ich davon ausgegangen, dass er sich nicht gerne bewegt und schlecht in Sport ist. Bereits in der ersten Unterrichtsstunde zeigte sich allerdings, dass das gar nicht stimmte und er mich mühelos überholte.

# Sprachgebrauch

## 1. Groß- und Kleinschreibung

### 1. Richtige Groß- und Kleinschreibung

a) Es duftet nach **f**rischen Plätzchen.
b) Die Bergwacht rettete die **V**erschütteten.
c) Unser Lehrer informiert uns über **W**issenswertes zur Prüfung.
d) Meine beste Disziplin ist das **L**aufen.
e) Die Detektive suchten vergeblich nach den **v**erschwundenen Menschen.
f) Unsere Lehrerin konnte uns viel **S**pannendes in Mathe beibringen.
g) Meine Freundin und ich hatten **e**reignisreiche Ferien.

### 2. Groß- oder Kleinschreibung auswählen und begründen

a) Sie trug am liebsten Kleider in **Grün**.
(weil das Adjektiv hier wie ein Substantiv gebraucht wird)
b) Im Unterricht erfahren wir viel **Neues**.
(weil das Wort „viel" hier den substantivischen Gebrauch anzeigt)
c) Am **liebsten** esse ich Pfannkuchen.
(weil es der Superlativ des Adverbs „gern" ist)
d) Die Polizei tappt bei der **Aufklärung** des Verbrechens weiterhin im **Dunkeln**.
(weil es sich um ein Substantiv, dem eine Präposition und ein Artikel vorangeht, und eine feste Wendung handelt, der eine Präposition mit verschmolzenem Artikel vorangeht)
e) Beim **Sprinten** ist Finn immer der **Schnellste**.
(weil es eine Substantivierung des Verbs „sprinten" und eine Substantivierung des Adjektivs „schnell" ist)
f) Im **Oktober** findet immer unser **Klassenfest** statt.
(weil es sich um Substantive handelt)

### 3. Text in richtiger Groß- und Kleinschreibung

[…] Die Jungforscher aus Königs Wusterhausen (Dahme-Spreewald) kennen die schockierenden Bilder von den mit Plastikabfällen vermüllten Meeren. Sie selbst treibt die Frage um, wie viel es vom sogenannten Mikroplastik im heimischen Wasser gibt. Es geht um jene winzigen Kunststoffteilchen, deren Wirkungen noch völlig unbekannt sind. Die drei haben also einfach mal geschaut, wie viel von dem Mini-Müll in einer 200-Milliliter-Peeling-Creme ist. […]

Quelle: Auszug aus Silvia Passow, in: https://www.berliner-zeitung.de/berlin/brandenburg/jugend-forscht-so-viel-mikroplastik-findet-man-heimischen-gewaessern-31359340

### 4. Großschreibung begründen

„Außerirdische" und „Schwarze" sind hier Substantive bzw. substantivierte Adjektive.

## 2. Getrennt- und Zusammenschreibung

### 1. Richtige Schreibweise

a) Peinlich sauber
Ein Chinese eröffnete in Deutschland eine Gaststätte mit einer **riesig großen** Auswahl an Speisen aus seinem Heimatland. Anfangs kamen die Gäste zahlreich.
**Freudestrahlend** hoffte er, dass es so bleibt, denn das Restaurant war immer gründlich gereinigt, **soweit** man sehen konnte. Der Wirt hatte dem Personal befohlen, alles mit Seife **sauber zu machen**. **Nachdem** die Gäste nach dem ersten Besuch nicht **wiederkamen**, bedrängte er **angsterfüllt** einen Gast, ihm den Grund **preiszugeben**. Der Gast antwortete: „Das Essen mag chinesisch fein sein, es schmeckt aber **seifig zart**."

b) Hochvornehm
Ein vornehmes Restaurant war bekannt für sein wirklich **hervorragendes** Essen und die passende Umgebung. **Zartgelbe** Servietten und **blendend weiße** Tischtücher gehörten zur normalen Ausstattung. Leider waren die Essensportionen nicht entsprechend groß. Ein richtig hungriger Gast fühlte sich **irregeführt** und war **bitterböse**, weil sein Hunger ungestillt blieb. Nach dem Menü fragte der Kellner den Gast: „Wie haben Sie das Beefsteak gefunden, mein Herr?" „Rein zufällig, **nachdem** ich die Kartoffel **wegschob**", antwortete der Gast. Seitdem sollen die Portionen in dem Restaurant nicht mehr **winzig klein** gewesen sein.

### 2. Getrennt- oder Zusammenschreibung

a) Ich gehe auf eine ~~allgemein bildende~~ **allgemeinbildende** Schule.
b) Meine Freunde sollten meine Eltern ~~auseinander halten~~ **auseinanderhalten** können.
c) Matrosen tragen **blau gestreifte** ~~blaugestreifte~~ Uniformen. (Zusammenschreibung auch möglich)
d) Mit dieser fiesen Erkältung solltest du dich lieber ~~krank schreiben~~ **krankschreiben** lassen.
e) Er wurde von jeglicher Schuld ~~frei gesprochen~~ **freigesprochen**.
f) Nach einem heftigen Streit sollte man nicht wortlos ~~auseinander gehen~~ **auseinandergehen**.
g) Andreas hat in Mathe wirklich ~~hervor ragende~~ **hervorragende** Noten.

### 3. Verbindung mit „irgend"

a) ~~Irgend jemand~~ **Irgendjemand** schreibt mir heimlich Briefe.
b) **Irgend so ein** ~~Irgendsoein~~ Blödmann hat mein Getränk umgeworfen.
c) ~~Irgend etwas~~ **Irgendetwas** war mit den Pilzen nicht in Ordnung.

### 4. Verbindung mit Adjektiven

a) Wenn man ~~allein stehend~~ **alleinstehend** ist, langweilt man sich oft.
b) Wenn unser Kater sauer ist, dann ist er ~~gemein gefährlich~~ **gemeingefährlich**.
c) Heutzutage sind Frauen und Männer in den meisten Fällen ~~gleich berechtigt~~ **gleichberechtigt**.
d) Bei seinem Vortrag hat er vor der gesamten Klasse **frei gesprochen** ~~freigesprochen~~.
e) Draußen war es ~~bitter kalt~~ **bitterkalt**.

## 3. Rechtschreibstrategien anwenden

### 1. Rechtschreibstrategie wählen

| | | |
|---|---|---|
| Sie**b** | → | verwandtes Wort finden oder Plural bilden → sieben, die Siebe |
| **W**ildnis | → | Artikelprobe, Nachsilbe -nis als Hinweis für Nomen |
| run**d** | → | Wort verlängern → runden |
| w**ä**hlen | → | verwandtes Wort finden → die Wahl |
| Bu**schsch**wein | → | Wort trennen → Busch-schwein |
| Geb**äu**de | → | verwandtes Wort finden → bauen |
| Ra**ss**e | → | Wort trennen → Ras-se, Konsonantendopplung nach kurz gesprochenem Vokal |
| Wo**nn**e | → | Wort trennen → Won-ne, Konsonantendopplung nach kurz gesprochenem Vokal |
| Bur**g** | → | Wort verlängern → Burgen |

### 2. Unterschiedliche Schreibweise erklären

a) er sin**g**t: 3. Person Singular Präsens von singen – er sin**k**t: 3. Person Singular Präsens von sinken
b) bun**t**: beschreibt eine Farbgebung, z. B. bunte Fische – Bun**d**: vom Wort binden abstammend, z. B. Hosenbund, Bund der Steuerzahler
c) **v**iel: beschreibt eine Menge, z. B. viele Menschen – **f**iel: 3. Person Singular Präteritum von fallen
d) en**t**scheiden: Vorsilbe „ent" – En**d**station: stammt vom Wort Ende
e) lie**ß**: 3. Person Singular Präteritum von lassen – lie**s**: Imperativ von lesen

### 3. Rechtschreibstrategie finden

| | | |
|---|---|---|
| Re**nn**pferd | → | sinnverwandtes Wort finden → rennen |
| Au**ss**te**ll**ung | → | Vorsilbe aus- plus das Wort Stellung → daher ss nach kurzem Vokal folgt Konsonantendopplung, Trennung des Wortes → Stel-lung |
| Z**ä**hne | → | Singular bilden → Zahn |
| wei**t** | → | Komparativ (1. Steigerung) bilden → weiter |
| Ste**h**tisch | → | sinnverwandtes Wort finden und silbieren, zwischen zwei Vokalen steht ein vokaltrennendes „h" → ste-hen |

## 4. Wörter auf Doppelkonsonanten prüfen

### 1. Die drei Konsonanten erläutern

Flussschwein → zusammengesetztes Wort aus Fl**uss**+**S**chwein, daher drei Konsonanten
Sauerstoffflasche → zusammengesetztes Wort aus Sauersto**ff**+**F**lasche, daher drei Konsonanten

### 2. Strategie für Einzel- oder Doppelkonsonanten nennen

Welle → Konsonantendopplung nach kurz gesprochenem Vokal
Streik → nach „ei" nur k
schick → „ck" folgt auf einen kurz gesprochenen Vokal
Pauke → nach „au" steht nur k
Salz → nach „l" steht immer nur z
Satz → „tz" folgt auf einen kurz gesprochenen Vokal
All → Konsonantendopplung nach kurz gesprochenem Vokal
Aal → nach verdoppeltem lang gesprochenem Vokal nur „l"
Qual → nach lang gesprochenem Vokal nur „l"
Qualle → Konsonantendopplung nach kurz gesprochenem Vokal

### 3. Richtige Schreibweise finden

Kurz vor den So**mm**erferien findet in der Schu**l**e i**mm**er unser Stufenfest statt. Dieses Jahr ha**tt**en wir leider Pech mit dem We**tt**er. Es bli**tz**te und do**nn**erte. Der Regen pra**ss**elte nur so vom Hi**mm**el. Aber wir ließen uns die Laune tro**tz**dem nicht verderben und haben ausgiebig gefeiert.

### 4. „k" oder „ck" einsetzen

a) Ein Ru**ck**sa**ck** ist pra**k**tisch beim Wandern.
b) Die Ta**k**ti**k** beim Beobachten von Ku**ck**ucken ist wichtig.
c) Der Vertrag ist in tro**ck**enen Tüchern.
d) Das Kinofieber hat mich star**k** gepa**ck**t.
e) Der Bauer ha**ck**t den Boden.
f) Im Wer**k**unterricht arbeiten wir mit Holz.

## 5. Lang gesprochene Vokale

### 1. Wörter einsetzen

Der **Bote** brachte die **Ware** auf die **Boote**. Obwohl die Gangway schaukelte, musste er die Pakete hinüberjonglieren. Er hatte keine **Wahl**. Doch **wahre** Freunde unterstützen einander und deshalb eilte ihm einer der Matrosen zu Hilfe. Man konnte noch die frische Erde riechen, die die **Beete** am Gemüse hinterlassen hatten.
Als die Schiffe ablegten, rief die Mutter des Matrosen: „Ich **bete**, dass dir nichts passiert." Nach kurzer Zeit auf See tauchte am Horizont plötzlich ein **Wal** auf. Das **war** ein schöner Auftakt zu einer langen Reise.

**2. Sätze bilden**

| | |
|---|---|
| a, aa und ah: | Ich habe w**ah**rhaftig ein p**aa**r W**a**le gesehen. |
| e, ee und eh: | **Eh**rlich gesagt weiß ich nicht, ob Es**e**l Erdb**ee**ren essen. |
| i, ie und ih: | **Ih**m gef**ie**l der **I**gel. |
| o, oo und oh: | Der bedr**oh**liche S**o**g des Wassers riss das B**oo**t nach unten. |
| u und uh: | Mein Bruder f**uh**r mit dem Z**u**g. |

**3. a) Reimwörter finden**

| | |
|---|---|
| Schnur: | pur, nur, Flur |
| Dieb: | lieb, Sieb, Trieb |
| Wut: | gut, Flut, Brut |
| Zahl: | Qual, Wahl, Schal |

**b) Schreibweise erklären**

- Wörter, die mit Q, Sch, Sp oder T beginnen, haben kein Dehnungs-h; deshalb wird Schnur ohne h geschrieben.
- Bei Zahl steht das Dehnungs-h nach lang gesprochenem Vokal.

## 6. Wörter mit s-Laut

**1. s-Laute finden und Schreibweise erklären**

Ein Löwe würdigte einen drolligen Hasen seiner näheren Bekanntschaft. „Aber ist es denn wahr", fragte ihn einst der Hase, „dass euch Löwen ein elender krähender Hahn so leicht verjagen kann?"
„Allerdings ist es wahr", antwortete der Löwe; „und es ist eine allgemeine Anmerkung, dass wir große Tiere durchgängig eine gewisse kleine Schwachheit an uns haben. So wirst du, zum Exempel, von dem Elefanten gehört haben, dass ihm das Grunzen eines Schweins Schauder und Entsetzen erwecket."
„Wahrhaftig?", unterbrach ihn der Hase. „Ja, nun begreife ich auch, warum wir Hasen uns so entsetzlich vor den Hunden fürchten."

Quelle: Gotthold Ephraim Lessing, Fabeln (1759), an moderne Rechtschreibung angepasst

| | |
|---|---|
| Hasen: | stimmhaftes einfaches „s" |
| seiner: | stimmhaftes einfaches „s" |
| ist: | stimmloses einfaches „s" |
| es: | stimmloses einfaches „s" |
| einst: | stimmloses einfaches „s" |
| dass: | Konjunktion |
| so: | stimmhaftes einfaches „s" |
| allerdings: | stimmloses einfaches „s" |
| große: | „ß" nach lang gesprochenem Vokal |
| gewisse: | auf einen kurz gesprochenen Vokal folgt ein „ss" |
| Schwachheit: | einfaches „s" bei „sch" |
| uns: | stimmloses einfaches „s" |
| wirst: | stimmloses einfaches „s" |
| das: | stimmloses einfaches „s" |

| | |
|---|---|
| eines: | stimmloses einfaches „s" |
| Schwein: | einfaches „s" bei „sch" |
| Schauder: | einfaches „s" bei „sch" |
| Entsetzen/entsetzlich: | stimmhaftes einfaches „s" |

**2. Richtige Schreibweise finden**

a) Mein Opa ha**ss**t es, Wei**ß**brot zu e**ss**en.
b) Wir **s**enden au**s** dem Urlaub eine Po**s**tkarte mit **s**onnigen Grü**ß**en.
c) „Sü**ß**es oder **S**aures", **s**ingen die als Gei**s**ter verkleideten Kinder.
d) Der Bi**ss** einer Schlange i**s**t au**ß**erordentlich schmerzhaft.

**3. Schreibweise begründen**

Maus wird nicht mit „ß" geschrieben, weil das stimmlose „s" im Plural stimmhaft ist → Mäuse.

**4. Beispiele nennen**

- Wagnis → Wagnisse
- Erlebnis → Erlebnisse

**5. Schreibweise mit richtiger Strategie erklären**

| | |
|---|---|
| Masse | → kurz gesprochener Vokal, Silbentrennung Mas-se |
| nass | → kurz gesprochener Vokal, Steigerung des Wortes nas-ser |
| blass | → kurz gesprochener Vokal, Steigerung des Wortes blas-ser |
| Schluss | → kurz gesprochener Vokal |
| groß | → lang gesprochener Vokal |
| Fuß | → lang gesprochener Vokal |
| Sonne | → stimmhaftes einfaches s am Wortanfang |
| summen | → stimmhaftes einfaches s am Wortanfang |
| Raspel | → stimmhaftes einfaches s in der Wortmitte |

## 7. Das oder dass

**1. Richtige Schreibweise finden und Wortart bestimmen**

Da**ss** **(K)** da**s** **(A)** Burj Khalifa in Dubai 828 Meter hoch ist, ist unglaublich. Es ist eine echte Sensation, da**ss** **(K)** so etwas architektonisch möglich ist. Da**s** **(A)** Gebäude hat 163 nutzbare Etagen und 57 Aufzüge. Zu seinen Füßen liegt der Dubai Fountain, da**s** **(A)** größte Wasserspiel der Welt. Da**s** **(A)** Motto, da**s** **(R)** überall in Dubai vorherrscht – größer, höher, luxuriöser – wurde auch an dieser Stelle meisterlich umgesetzt.

**2. Falsche Möglichkeit durchstreichen**

Zu Hause angekommen stellte Maria fest, ~~das~~ **dass** sie ihre Schultasche im Bus vergessen hatte. **Das** ~~dass~~ war jetzt schon das zweite Mal diese Woche, ~~das~~ **dass** ihr **das** ~~dass~~ passierte. Jetzt musste sie wieder an die Endhaltestelle fahren, dort in **das** ~~dass~~ Fundbüro gehen und hoffen, ~~das~~ **dass** jemand die Tasche abgegeben hatte.

Training

**3. Richtige Lösung einkreisen und Wortart bestimmen**

a) Kannst du das kleine Häuschen sehen, das **(R)** da drüben am Waldrand steht?

b) Es war keine so gute Idee, dass **(K)** Leander bei strömendem Regen ohne Jacke nach draußen gegangen ist. Das **(D)** muss er jetzt mit einer Erkältung büßen.

c) Ich habe mich gewundert, dass **(K)** meine scheinbar schlafende Mutter doch mitbekommen hat, dass **(K)** ich mich heimlich aus dem Haus schleichen wollte.

d) Etwas zu erkennen, das **(R)** im Verborgenen liegt, bedeutet manchmal mehr, als das **(A)** Offensichtliche zu sehen.

## 8. Satzzeichen

**1. Fehlende Satzzeichen ergänzen**

a) Herr Möller, unser neuer Hausmeister, ist sehr hilfsbereit.
b) Ich muss noch Mathe, Deutsch, Englisch und Bio lernen.
c) Obwohl das Wetter heute nicht ganz so warm ist, gehe ich an den See, um zu baden.

**2. Kommasetzung erklären**

a) Er brauchte einen kurzen Moment, um zu begreifen, dass sie das Spiel wirklich gewonnen hatten.
**Erklärung:** Das erste Komma steht aufgrund eines erweiterten Infinitivs mit „um zu". Das zweite dient zur Abgrenzung des Nebensatzes.

b) Das Lernen von Vokabeln, egal in welcher Sprache, liegt mir einfach nicht.
**Erklärung:** Einschub durch Kommas abgetrennt

**3. Fehlende Kommas setzen und begründen**

a) Eine ausgewogene Ernährung, viel Trinken und Sport, das sind Maßnahmen, die uns vital und gesund halten.
Erstes Komma: Komma bei Aufzählungen
Zweites Komma: Komma bei Relativsatz

b) „Am besten gefällt mir der tolle Zusammenhalt der Klasse", sagt Selina, die seit Januar neue Mitschülerin ist.
Erstes Komma: Komma am Ende einer wörtlichen Rede
Zweites Komma: Komma bei Relativsatz

## 9. Zeitformen

S. 48

**1. Sätze bilden**

a) Er lernt am Tag mehrere Stunden für die Prüfung.
b) Elias wird nächstes Jahr im September seine Ausbildung beginnen.
c) Wenn wir nächsten Sommer in den Urlaub fahren, wird Coco ihren Geburtstag schon gefeiert haben.
d) 1960 war mein Großvater 18 Jahre alt.
e) Als Kind hat Dilara Angst vor Kühen gehabt.
f) Anfang des 20. Jahrhunderts hatte fast niemand ein Telefon besessen.

## 2. Tabelle vervollständigen

| Person | Präsens (Gegenwart) | Präteritum (1. Vergangenheit) | Perfekt (2. Vergangenheit) | Plusquamperfekt (3. Vergangenheit) | Futur I (Zukunft) | Futur II (vollendete Zukunft) |
|---|---|---|---|---|---|---|
| ich | friere | **fror** | **habe gefroren** | **hatte gefroren** | **werde frieren** | **werde gefroren haben** |
| du | **frierst** | **frorst** | **hast gefroren** | **hattest gefroren** | wirst frieren | **wirst gefroren haben** |
| er/sie/es | **friert** | **fror** | hat gefroren | **hatte gefroren** | **wird frieren** | **wird gefroren haben** |
| wir | **frieren** | **froren** | **haben gefroren** | **hatten gefroren** | **werden frieren** | werden gefroren haben |
| ihr | **friert** | **frort** | **habt gefroren** | hattet gefroren | **werdet frieren** | **werdet gefroren haben** |
| sie | **frieren** | froren | **haben gefroren** | **hatten gefroren** | **werden frieren** | **werden gefroren haben** |
| ich | **hüpfe** | hüpfte | **bin gehüpft** | **war gehüpft** | **werde hüpfen** | **werde gehüpft sein** |
| du | hüpfst | **hüpftest** | **bist gehüpft** | **warst gehüpft** | **wirst hüpfen** | **wirst gehüpft sein** |
| er/sie/es | **hüpft** | **hüpfte** | **ist gehüpft** | **war gehüpft** | wird hüpfen | **wird gehüpft sein** |
| wir | **hüpfen** | **hüpften** | **sind gehüpft** | waren gehüpft | **werden hüpfen** | **werden gehüpft sein** |
| ihr | **hüpft** | **hüpftet** | **seid gehüpft** | **wart gehüpft** | **werdet hüpfen** | werdet gehüpft sein |
| sie | **hüpfen** | **hüpften** | sind gehüpft | **waren gehüpft** | **werden hüpfen** | **werden gehüpft sein** |

### 3. Zeitform bestimmen

| | |
|---|---|
| a) herrschte, brachte | 3. Pers. Singular Präteritum |
| b) ist fertiggestellt worden | 3. Pers. Singular Perfekt, passiv |
| c) sind bedroht | 3. Pers. Plural Präsens, passiv |
| d) sich vorbereitet | 3. Pers. Singular Präsens |
| wird schaffen | 3. Pers. Singular Futur I |
| e) ist gewesen | 3. Pers. Singular Perfekt |
| f) bin | 1. Pers. Singular Präsens |
| g) unternehmen | 1. Pers. Plural Präsens |
| wird bedeckt haben | 3. Pers. Singular Futur II |

## 10. Wortarten

### 1. Beispiele für Wortarten finden

Verb: „ausblenden" (Z. 1), „flüchtete" (Z. 1)
Adjektiv: „friedlicher" (Z. 3), „rohe" (Z. 6)
Pronomen: „sich" (Z. 2) „dich" (Z. 3)

### 2. Wortarten ergänzen

| Substantiv | Verb | Adjektiv |
|---|---|---|
| Abnahme | **abnehmen** | abnehmbar |
| **Haus** | hausen | **häuslich** |
| **Schmerz** | **schmerzen** | schmerzlich/schmerzhaft |
| Kontrolle | kontrollieren | **kontrolliert** |
| Fotograf | **fotografieren** | **fotografisch** |
| **Wahl** | **wählen** | wählerisch |
| Deutung | **deuten** | deutlich |

### 3. Wortarten bestimmen

a) Am Samstag **(C)** gehe ich mit zwei **(G)** Freunden ins **(D)** Kino, wenn **(F)** der **(H)** Film, den wir sehen **(B)** wollen, bis dahin noch läuft **(B)**.

b) 1. In den Sommerferien **fahre (B)** ich mit meinen Eltern ans Moor.
2. An meiner Schule gibt es ein **großes (A)** Orchester.
3. **Wenn (F)** es regnet, bleibe ich lieber zu Hause.

**4. Präposition ergänzen**

Im nächsten Sommer bin ich **mit** der Schule fertig. Doch was ich beruflich machen soll, dazu fällt mir leider immer noch nicht allzu viel ein. Und das, obwohl ich mir **über** dieses Thema schon **seit** Langem Gedanken mache.
Während ich einerseits Lust **auf** einen Beruf hätte, der **mit** Kindern zu tun hat, finde ich zum Beispiel auch Arzthelfer/-in oder Physiotherapeut/-in interessant. Mein Schulpraktikum werde ich deshalb **in** einer Arztpraxis absolvieren, damit ich einen besseren Einblick bekomme. **Nach** dieser Erfahrung fällt mir die Entscheidung vielleicht leichter.
**Neben** den persönlichen Neigungen spielen meiner Ansicht nach natürlich auch die Berufsaussichten eine wichtige Rolle **bei** der Berufswahl. **Trotz** aller Unentschlossenheit bin ich zuversichtlich, dass ich **in** absehbarer Zeit eine Entscheidung treffen werde. **Aus** diesem Grund sehe ich meiner Zukunft gelassen entgegen.

**5. Konjunktion einsetzen**

Morgen besprechen wir in der Klasse, wohin unser Ausflug gehen soll. **Während** einige einen Freizeitpark vorgeschlagen haben, möchten andere lieber einen Klettergarten besuchen **oder** eine Radtour machen. Doch die Entscheidung ist gar nicht so einfach, **weil** alle Vorschläge interessant sind. Ich selbst würde am liebsten in den Klettergarten gehen, **denn** das habe ich noch nie ausprobiert. **Aber** auch eine Radtour wäre nicht schlecht. Nur den Freizeitpark finde ich nicht so toll. Unser Lehrer hat gesagt, **dass** wir abstimmen sollen. **Damit** sich jede/-r eine Meinung bilden kann, werden alle Vorschläge noch einmal vorgestellt.

## 11. Satzglieder und Satzgefüge

**1. Sätze zu Kausal- und Konzessivsätzen verbinden**

a) Paul trägt den Pullover, **weil** er rot ist. → kausal
Paul trägt den Pullover, **obwohl** er rot ist. → konzessiv

b) Die Firma hat ihre Produktion nach China verlegt, **weil** dort günstigeres Plastik verbaut wird. → kausal
Die Firma hat ihre Produktion nach China verlegt, **obwohl** dort günstigeres Plastik verbaut wird. → konzessiv

**2. Adverbialsätze bestimmen**

a) Viktoria übt fleißig, **damit** sie ihren Führerschein besteht. → final
b) **Während** ich mich sonne, höre ich gerne Musik. → temporal
c) Chris lädt alle seine Freunde zu einer Party ein, **da** seine Eltern ihm das Haus überlassen haben. → kausal
d) **Obwohl** meine Geschwister mich oft nerven, will ich sie nicht missen. → konzessiv

**3. Satzreihen bilden**

a) Die Katze nutzt den Baum als Leiter und sie balanciert auf dem Dach.
b) Das Kind spielte im Garten, als es ein Eis aß.
c) Pia streichelt Kühe oder sie reitet auf Pferden, wenn sie auf dem Hof ist.

Training

**4. Satz umformulieren**

Diesen Roman zu schreiben, hat auch sie selbst Mut gekostet.
*oder:*
Es hat auch sie selbst Mut gekostet, diesen Roman zu schreiben.

## 12. Wortschatz

**1. Synonyme und Antonyme finden**

a) 1. Er spielt sehr gerne Fußball.
2. Die Klasse entscheidet sich für einen Ausflug in die Natur.
3. In Rom gibt es mehr als 1000 Gotteshäuser.
4. Flink klettert die Katze auf den Baum.
5. Er war ein sehr großer Mann.

b) 1. Das Buch, das ich gerade lese, ist interessant.
2. Leila lässt sich Zeit mit dem Essen.
3. Bei Sonnenschein gefällt mir der Wald am besten.
4. Der kleine Junge springt lautlos ins Wasser.
5. Ohne mit der Wimper zu zucken, holt er den Brief aus der Tasche.

**2. Verb ersetzen**

Der Mann **läuft** schnell zum Bahnsteig, um den Zug nach München noch zu erreichen. Da er aber schon eine ganze Weile **rennt**, ist er ganz außer Atem und wird immer langsamer. Deshalb verpasst er seinen Anschluss und **trottet** bekümmert zurück in die Bahnhofshalle.

**3. Umformulierung in Standardsprache**

a) „Gehst du heute um ein Uhr zur Schicht? Dann machen wir es eben so, dass wir uns später am Bahnhof treffen."
*oder*
Sie fragte, ob er heute um ein Uhr zur Schicht gehe, und schlug daraufhin vor, dass sie sich später am Bahnhof treffen.

b) Ich habe große Lust auf Schlittschuhlaufen.

c) Er hat keine Ahnung, er weiß nichts.

**4. Sätze umformulieren**

a) In der Sahara herrscht ein raues Klima.

b) Social-Media-Plattformen sind besonders bei Jugendlichen sehr beliebt.

c) Der weiße Polizist kommt ungestraft davon, **obgleich/obschon/auch wenn/ungeachtet dessen, dass** Starr vor Gericht gegen ihn aussagt.

**5. Begriffe mit gleicher Bedeutung finden**

| | |
|---|---|
| sich entledigen (Z. 9) | loswerden |
| angreifen (Z. 13) | attackieren |
| Grundvoraussetzung (Z. 33) | Bedingung |
| reichlich (Z. 37) | viel(e)) |
| wahr werden (zu) lassen (Z. 51) | realisieren, umsetzen |
| Prozess (Z. 57) | Vorgang |
| produzieren (Z. 66 f.) | herstellen |

## 13. Aktiv und Passiv

### 1. Umformen

| Aktiv | Passiv |
|---|---|
| Die Kinder führen den Hund spazieren. | *Der Hund wird von den Kindern spazieren geführt.* |
| *Die Polizei schnappte den Täter.* | Der Täter wurde von der Polizei geschnappt. |
| Er hatte viel auf die Prüfung gelernt. | *Auf die Prüfung war von ihm viel gelernt worden.* |
| *Die Umzugsfirma wird morgen die Möbel abholen.* | Die Möbel werden morgen von der Umzugsfirma abgeholt werden. |

### 2. Umformen

| Aktiv | Passiv |
|---|---|
| Das Flugzeug segelte leise durch die Luft. | Ich wurde von der Sonne geblendet. |
| Morgen zu diesem Zeitpunkt werde ich meine Prüfung schon hinter mir haben. | Die Rechnung wurde von einem Sponsor bezahlt. |

# Ganzschrift – Lektüre

## 1. Aufgaben zur aktuellen Ganzschrift 2021/22

### „Herzsteine" (Hanna Jansen)

**a) Drei Aspekte, die Sam an Enna faszinieren, nennen**

- Enna ist selbstbewusst, mutig, klar und echt.
- Sie sind beide „Exoten".
- Sie ist frei und unabhängig: legt keinen Wert auf die Meinung anderer (eigenwilliges, auffälliges Outfit).

*oder*

- Mobbing der Klassenkameradinnen prallt an ihr ab
- Sam findet bei Enna die Nähe, die ihm zu Hause fehlt.

**b) Anhand dreier Beispiele die Entwicklung von Sams Beziehung zu Jean-Claude beschreiben**

Am Anfang ist Jean-Claude wortkarg und reserviert gegenüber Sam, sie sind sich fremd. Bei ihrem Besuch in der Disko scheint Jean-Claude wie ausgewechselt, klopft ihm kumpelhaft auf die Schulter und stellt ihn seinen Freunden vor. Am Ende des Romans will Sam Jean-Claude sogar nach Deutschland einladen.

**c) Sätze den Kapiteln zuordnen**

| Kapitel | Sätze |
|---|---|
| Kapitel I – 2 | Besuch des Kleidermarkts. |
| Kapitel I – 3 | Fe erzählt Sam von ihrer Vergangenheit. |
| Kapitel I – 5 | Auf Sylt tobt ein Sturm. |
| Kapitel II – 3 | Sam und Jean-Claude besuchen das Waisenhaus. |
| Kapitel II – 5 | Am Strand findet Sam einen Herzstein. |
| Kapitel II – 7 | Die Verwandtschaft schenkt Sam eine Kuh. |
| Kapitel II – 8 | Sam lernt Enna kennen. |
| Kapitel II – 9 | Luk erzählt vom Regenwald. |

**d) Buchtitel erklären**

Ennas Mutter Helen ist davon überzeugt, dass zu jedem Menschen ein ganz bestimmter Stein gehört. Wenn man seinen Herzstein findet, beginnt etwas Neues. Sie sagt außerdem, dass in den Steinen die Kraft der Erde wohnt, mit der die Menschen in Verbindung bleiben müssen, damit es ihnen gutgeht.

**e) Sams Gefühle in Gisozi beschreiben**

In Gisozi trauert Sam um seine „afrikanische Familie", die er nie kennenlernen kann. Plötzlich macht es ihm etwas aus, dass sie nur zu dritt sind. Er fühlt sich als Erbe zweier Völkermorde. Der Besuch überfordert ihn, plötzlich will er nur noch weg. Er erkennt dort, dass diese schreckliche Geschichte auch etwas mit ihm zu tun hat. Er hat nach dem Besuch Angst, seiner Mutter zu begegnen. Erst jetzt ahnt er, was es heißt, zu leben.

**f) Sams Brief an seine Mutter verfassen**

Sylt, 10. Juni

Hi Mum,

ich bin jetzt schon zwei Monate ohne dich und Dad hier auf Sylt. In der Schule läuft's ganz gut. Ich bin jetzt sogar im Schwimmverein und hab dort ein paar coole Leute kennengelernt. Musste einfach wieder trainieren, und alleine macht's mir keinen Spaß.
Mit Peter komme ich gut klar, obwohl er nicht er nicht gerade ein Kochtalent ist ☹. Ich bin so froh, dass ich Enna habe. Sie bedeutet mir sehr viel und zeigt mir ständig neue Dinge. Ich mag sie sehr. Aber natürlich vermisse ich dich und Dad schrecklich.
Und wie geht es dir? Was macht dein Unterricht? Geht es dir schon besser? Ich wünsche es dir so sehr. Es war für mich jedenfalls total wichtig, dass du in Ruanda endlich über dich selbst gesprochen hast. Vieles hatte ich zwar schon geahnt, aber das Gespräch mit dir hat mir vieles klargemacht.
Ich wünsche mir, dass wir uns bald wiedersehen, egal wo, hier oder in Afrika. Grüß Jean-Claude und Mama Munyemana von mir.

Alles Liebe
Dein Sam

## „Kleider machen Leute" (Gottfried Keller)

**a) Inhalt zusammenfassen**

Die Novelle „Kleider machen Leute" von Gottfried Keller handelt von dem armen Schneider Wenzel Strapinski, der aufgrund seines äußeren Erscheinungsbilds für einen Grafen gehalten wird und das Missverständnis nicht aufklärt. Zunächst ist er noch widerwillig, doch im Verlauf der Geschichte nimmt Strapinski seine Grafenrolle an, weil er sich in Nettchen, die Tochter des Amtsrats verliebt. Letztlich wird der Schneider auf seiner Verlobungsfeier durch seinen Gegenspieler Melcher Böhni entlarvt. Beschämt flieht er in den Wald, doch Nettchen folgt ihm und heiratet ihn trotzdem.

**b) Eigenschaften zuordnen**

Wenzel Strapinski: arm, ängstlich, bescheiden
Nettchen: selbstsicher, entschlossen, unabhängig
Melcher Böhni: misstrauisch, intrigant, berechnend

**c) Vier Merkmale einer Novelle, die auf „Kleider machen Leute" zutreffen, nennen**

- geringer Umfang
- wenig Charaktere
- Dingsymbol
- Rahmenhandlung

*oder*

- kurze Einführung
- einfache Figuren
- Höhe- und Wendepunkte
- deutlicher Schluss, alle Fragen werden geklärt
- zentraler Konflikt im Mittelpunkt

**d) Bedeutung von Strapinskis Mantel erklären**

Der Mantel nimmt als Dingsymbol in der Novelle eine zentrale Rolle ein. Obwohl Wenzel Strapinski ein armer Schneider ist, trägt er einen edlen Mantel, aufgrund dessen (u. a.) er für einen Grafen gehalten wird und so in den Konflikt gerät. Der Mantel ist eng verknüpft mit der Person Wenzel Strapinski.

**e) Gründe erläutern, warum Strapinski das Missverständnis nicht aufklärt**

Zunächst traut sich Wenzel Strapinski nicht, das Missverständnis aufzuklären. Er trägt aus Gehorsamkeit zur Verschärfung der Situation bei. Anschließend möchte er sich dann wenigstens noch satt essen und genießt die außergewöhnlichen Speisen. Er findet Gefallen an dem angenehmen Leben der Reichen. Schlussendlich nimmt er die Rolle an, weil er sich in Nettchen verliebt hat.

**f) Nettchens Monolog verfassen**

Was ist hier gerade passiert? Mein Wenzel soll gar kein Graf, sondern ein gewöhnlicher Schneider sein? Für einen Schneider ist er doch aber sehr fein und edel. Mir ist ganz schwindelig. Ich weiß gar nicht, was ich denken soll. Hat er mich die ganze Zeit belogen? Ist er etwa ein Betrüger? Was will dieser Mann von mir? Und wer ist er eigentlich? Ich bin wütend und traurig zugleich. Irgendwie tut er mir auch leid, wie er eben weinend und beschämt geflohen ist. Ich muss hier auch weg. Ganz schnell. Da hinten steht Melcher Böhni, der sicher hinter der ganzen Sache steckt. Kein Wort mehr werde ich mit dem sprechen. Ich muss hier raus. Und ich muss wissen, wer Wenzel Strapinski wirklich ist. Wenn er denn überhaupt so heißt. Er fühlt sich an wie ein Fremder. Vielleicht haben wir noch eine Chance. Ach, wie das klingt. Aber zumindest muss ich ihn suchen und die Wahrheit erfahren.

## 2. „Das Schicksal ist ein mieser Verräter“ (John Green)

**a) Nebenwirkungen des Sterbens**

- Depressionen
- Krebs
- wechselnde Besetzung der Teilnehmer in der Selbsthilfegruppe

**b) Konkurrenzkampf in der Selbsthilfegruppe**

In der Selbsthilfegruppe herrscht ein Konkurrenzkampf, weil sich jeder seine Überlebenschancen ausrechnet und versucht, nicht nur die Krankheit zu überleben, sondern auch die anderen Teilnehmer.

**c) Brief an die Eltern**

Liebe Eltern,

heute war es in der Selbsthilfegruppe wieder richtig ätzend und ich möchte nicht mehr hingehen. Wozu soll das gut sein? Dort herrscht Konkurrenzdruck, jeder versucht, die anderen zu überbieten mit Berichten vom Verlauf der Krankheit. Ich kann das alles nicht mehr hören. Ich glaube, dass ich sterben werde, und ich möchte die Zeit, bis es so weit ist, genießen, so gut es geht. Ich habe Angst vor dem, was auf mich zukommt, aber diese Angst wird mir in der Gruppe nicht genommen; dort geht es ja allen schlecht. Ich denke viel über den Tod nach, denn das, was in den Broschüren oder im Internet steht, überzeugt mich nicht. Und ich mache mir Sorgen, wie ihr weiterleben werdet ohne mich.

Ich hab euch sehr lieb.
Eure Hazel

### 3. „Skizze eines Sommers" (André Kubiczek)

**a) Annäherung zwischen René und dem Mädchen**

- wenn ihre Blicke sich trafen, guckten sie weg
- sie lächelten sich ganz kurz zu
- es gab immer einen Sicherheitsabstand

**b) Rolle der Schuhe**

- René sieht die Schuhe des Mädchens näherkommen, die Schuhe werden immer größer und bleiben vor ihm stehen → Annäherung
- er findet, dass die beiden Paare gut zusammenpassen
- er macht ihr ein Kompliment wegen der schönen Schuhe
- die Schuhe sind ein Symbol für René und das Mädchen

**c) Tagebucheintrag des Mädchens**

21.4.21

Heute habe ich meinen ganzen Mut zusammengenommen und bin zu dem Jungen hingegangen, der auf der Bank saß. Unsere Blicke hatten sich schon oft getroffen, manchmal lächelten wir uns auch zu – aber immer aus der Ferne. Ich finde ihn total nett und überlege schon eine ganze Weile, wie ich es anstellen soll, ihn kennenzulernen. Wenn ich ihn in der Stadt sehe, ist er meistens mit Freunden zusammen. Aber heute saß er allein auf einer Bank, mit einem Buch – was mir gleich gefiel, weil ich selbst so gerne lese. Er sah mich an, ich schaute einfach nicht weg und ging rüber zu ihm. Da wir beide etwas verlegen waren, redeten wir erst mal über unsere Schuhe. Und dann hat er gefragt, ob ich mich setzen will. Mein Herz hat geklopft wie wild.

## Textgebundene lineare Erörterung

### 1. Späterer Schulbeginn

Aufgabe S. 69

**„Schule erst ab 9 Uhr? Darum fordern Schlafforscher späteren Unterrichtsbeginn"**

Die Redaktion von inFranken.de veröffentlichte am 5.2.2019 einen Onlineartikel zum Thema Gesundheit mit dem Titel „Schule erst ab 9 Uhr? Darum fordern Schlafforscher späteren Unterrichtsbeginn". Einleitung

Nachdem mittlerweile wissenschaftlich belegt ist, dass sich das frühe Aufstehen negativ auf die Schülerleistungen auswirkt, werde ich in meiner Erörterung die Vorteile aufzeigen, die sich aus einem späteren Schulbeginn ergeben. Hauptteil

Die Schule sollte später beginnen, weil es Schüler/-innen gibt, die morgens nicht richtig wach werden. Die Menschen können in Lerchen und Eulen eingeteilt werden. Die Lerchen haben keine Probleme mit dem Aufstehen, sie sind frühmorgens „putzmunter" (Z. 14), während „sich Eulen immer noch im Tiefschlaf" (Z. 14 f.) befinden. Deshalb sollte man auch auf die Eulen Rücksicht nehmen, weil der Unterricht für sie biologisch gesehen „mitten in der Nacht" (Z. 24) startet, wie der Schlafforscher Till Roenneberg erklärt.

Wenn Schüler/-innen zu früh aufstehen müssen, hat das Auswirkungen auf ihre Konzentrationsfähigkeit. Sie sind noch verschlafen, bekommen nicht mit, was im Unterricht passiert und lassen sich leichter ablenken. Es gibt bereits Studien, die das belegen, und die Frankfurt University of Applied Sciences schreibt ebenso, dass bei zu frühem Unterrichtsbeginn „Konzentrationsprobleme" drohen (Z. 26). Das kann man bei uns in der Klasse auch beobachten. Viele Schüler/-innen können den Lehrer/-innen manchmal gar nicht richtig folgen, weil ihnen das konzentrierte Zuhören schwerfällt.

Mehr Schlaf führt zu besseren Noten. Es ist bewiesen, dass mehr Schlaf positive Auswirkungen auf die Schülerleistungen hat. Im Rahmen einer Studie in Seattle wurde z. B. der Unterrichtsbeginn um etwa eine Stunde nach hinten verlegt (vgl. Z. 31 ff.). Ergebnis: Die Schüler/-innen bekamen bessere Noten und hatten nicht mehr so viele Fehlzeiten. Das ist ein Beweis dafür, dass die Schule erst gegen 9.00 Uhr beginnen sollte. Viele Schüler/-innen frühstücken z. B. morgens nicht, weil sie nach dem Aufstehen keine Zeit mehr dafür haben. Wenn sie aber vor Schulbeginn gefrühstückt haben und sich womöglich Zeit für den Schulweg lassen können, fängt der Tag gleich viel besser an.

Schluss

Ich bin der Meinung, dass die Schule auf jeden Fall später beginnen sollte. Da ich selbst zu den „Eulen" gehöre, weiß ich genau, wie es sich anfühlt, unausgeschlafen in der Schule zu sitzen. Ich glaube auch, dass der Schulweg angenehmer wäre, wenn wir nicht während der Stoßzeiten mit Bus und Bahn fahren müssten. Auch unsere Lehrer/-innen könnten davon profitieren. Sie hätten dann ebenso morgens mehr Zeit zum Schlafen oder für die Familie.

**2. Stadt der Zukunft**

**Forschungsprojekt liefert Ideen für die Stadt der Zukunft**

Einleitung

Der Zeitungsartikel „So leben wir in der Stadt der Zukunft" befasst sich mit dem Thema, wie die Stadt der Zukunft aussehen könnte. Dabei beschreibt der Artikel das Forschungsprojekt „Morgenstadt", das Städte lärm- und abgasfrei und somit wieder lebenswerter machen soll.

Hauptteil

Um dieses Ziel zu erreichen, haben die Experten viele Ideen entwickelt. Beispielsweise sollen ein gut ausgebauter öffentlicher Nahverkehr und autonom fahrende Elektroautos den Verkehr reduzieren. Dadurch gibt es mehr Raum für Grünflächen, was wiederum dem Klima zugutekommt: „Parks und Grünanlagen verbessern das Klima, denn sie kühlen die Luft herunter." (Z. 45 ff.)

Auch das Thema Trinkwasser- und Energieversorgung wird angesprochen. Mit dem technischen System Deus 21 lässt sich Wasser sparen und gleichzeitig aus Abwasser Energie gewinnen: „Aus den Abwässern der Häuser wird schließlich Biogas erzeugt, das sich zur Energiegewinnung nutzen lässt." (Z. 66 ff.)

Als drittes Problem wird das Wohnen in der Stadt genannt. Viele Menschen können es sich heute nicht mehr leisten, zentral zu wohnen, und werden an den Stadtrand gedrängt. Mehrnutzungsangebote und sogenannte Tiny Houses könnten hier eine Lösung sein.

Schluss

Meiner Ansicht nach bietet die „Morgenstadt" viele gute Ideen zur Lösung der Probleme in den Städten. Mich persönlich stört vor allem der viele Verkehr. Auch hierfür haben die Experten ja eine Lösung entwickelt. Die Frage ist nur, wie sich das alles finanzieren lässt. Hier muss die Politik entsprechende Entscheidungen treffen. Nur wenn alle zusammen hinter einer solchen Zukunftsvision stehen, kann diese vielleicht Wirklichkeit werden.

### 3. Aufwachsen mit Hund

#### Mit Hund oder ohne Hund?

Einleitung

In dem Onlineartikel „10 Gründe, warum dein Kind mit einem Hund aufwachsen sollte“ geht es darum, welche Vorteile ein Hund für ein Kind hat. Der Artikel bezieht klar Stellung und befürwortet es, einen Hund in der Familie zu haben.

Hauptteil

In dem Text werden zehn Gründe genannt, warum sich Hunde positiv auf Kinder auswirken. Zum einen stärken die Vierbeiner das Immunsystem von Kindern: „Studien haben ergeben, dass Säuglinge in einem Haushalt mit Hund weniger Erkältungen bekommen als Neugeborene ohne Haustier.“ (Z. 22 ff.)
Kinder lernen durch ihren Hund auch, Verantwortung zu übernehmen und auf seine Bedürfnisse zu achten. Außerdem machen Hunde „Kindern Beine“: „Kinder mit Hund bewegen sich mehr im Freien und sitzen weniger vor ihren elektronischen Gadgets.“ (Z. 63 f.) Das ist ein wichtiges Argument, weil viele Kinder sich zu wenig im Alltag bewegen.
Außerdem senken Hunde das Stresslevel: „Allein der Kontakt mit dem treuen Freund beruhigt, tröstet und die Pulsfrequenz geht nach unten.“ (Z. 90 ff.) Damit tragen Hunde auch zum allgemeinen Wohlbefinden bei.

Schluss

Wie der Artikel gezeigt hat, bringt ein Hund viele Vorteile für Kinder. Allerdings muss man sich genau überlegen, ob man dieser Aufgabe auch gewachsen ist. Ein solches Haustier muss ständig „Gassi“ geführt werden – bei jedem Wetter. Es gibt auch Einschränkungen, wenn man einen Hund hat. So dürfen sie zum Beispiel in viele Hotels oder Ferienwohnungen nicht mitgebracht werden, was den Urlaub schwieriger macht. Ich selbst hätte als Haustier lieber eine Katze. Aber das muss jeder selbst entscheiden.

## Textbeschreibung

### 1. Lyrik

### 1. Stationen des Lebens

#### „Stufen“ (Hermann Hesse)

Einleitung

In dem Gedicht „Stufen“ von Hermann Hesse geht es um die einzelnen Stationen des Lebens, die man durchlebt. Das Gedicht besteht aus drei Strophen, die 22 Verse umfassen (aufgeteilt in zehn, acht und vier Verse). Das Reimschema der ersten Strophe ist abacbdcede. Die zweite Strophe besteht aus einem umarmenden Reim (abba) und einem Kreuzreim (cdcd). Die letzte Strophe besteht aus einem umarmenden Reim (abba).

Hauptteil

Das Gedicht beschreibt die verschiedenen Phasen des Lebens und die ständige Weiterentwicklung. In der ersten Strophe wird auf die Vergänglichkeit hingewiesen. Es wird gesagt, dass alles seine Zeit habe und genauso vergeht. Der Mensch soll für den Abschied bereit sein, auch wenn es Mut erfordert, und sich offen für Neues zeigen. Dieser Punkt wird in der zweiten Strophe vertieft: Man soll nicht auf einer Stufe bleiben, sondern sich weiterentwickeln. Dafür muss man zum Aufbruch bereit sein, um nicht zu „erschlaffen“ (V. 16). In der dritten Strophe wird gesagt, dass dieser Prozess bis zum Tod geht und vielleicht sogar darüber hinaus. Hermann Hesse weist mit diesem Gedicht darauf hin, dass man nicht am

Stillstand festhalten soll. Um sich weiterzuentwickeln, muss man offen für Neues sein, denn: „Und jedem Anfang wohnt ein Zauber inne, / Der uns beschützt und uns hilft zu leben" (V. 9 f.).

Diese Verse verdeutlichen, dass der Mut zum Aufbruch auch belohnt wird und dass jede Stufe ein Anfang ist, der viele Chancen bereithält. Mir geht es im Moment genauso: Nach dem Schulabschluss werde ich ein Freiwilliges Soziales Jahr in einer anderen Stadt beginnen. Ich werde meine Freunde vermissen und habe auch schon ein bisschen Angst vor diesem Lebensabschnitt. Gleichzeitig freue ich mich darauf, Neues kennenzulernen und selbstständig zu werden. Schluss

## 2. Wandel des Menschenbildes

### „Fluchtpunkt" (Sarah Kirsch)

In dem Gedicht „Fluchtpunkt" von Sarah Kirsch aus dem Jahr 1992 geht es darum, wie sich der moderne Mensch verändert hat. Verdeutlicht wird das Thema anhand des Reisens. Einleitung

Das Gedicht besteht aus einer einzigen Strophe mit 16 Versen, ein Reimschema gibt es nicht. Auffallend sind die fehlenden Satzzeichen: Es gibt nur einen Punkt ganz am Ende, auf Kommas wird verzichtet. Dies vermittelt den Eindruck von Rastlosigkeit. Hauptteil

Sarah Kirsch beschreibt in ihrem Gedicht „Fluchtpunkt" die Rastlosigkeit des modernen Menschen. Dabei stellt sie zunächst die Art des Reisens zu Zeiten des Dichters Heinrich Heine dem modernen Reisen gegenüber. Sie umreißt in den ersten drei Versen die Langsamkeit, mit der Heine unterwegs war. „Heine ging zu Fuß durchs Gebirge", während wir heutzutage mit Maschinen „weiterrasen" (vgl. V. 9), gewissermaßen auf der Flucht sind, was bereits im Titel angedeutet wird. Während der Dichter sich noch vertrödelten, „können wir uns nicht aufhalten lassen" (V. 7), schon gar nicht „von Einzelheiten" (V. 6).

Der moderne Reisende möchte möglichst schnell möglichst viel sehen. Deshalb hat er Maschinen entwickelt, die ihn regelrecht zum Weiterrasen zwingen. Durch diese Schnelligkeit und Getriebenheit bleibt vieles unerforscht und verborgen. Wir sind nicht mehr in der Lage, das „Innre" (V. 10) des Menschen zu erforschen. Auch sehen wir keine „schönen Gefilde" oder „Irrgärten" (V. 11) mehr. Altmodische Zeitungen werden nicht mehr gebraucht, denn es gibt das Fernsehen, das viel schneller Informationen liefert. Und während sich die Autos unterscheiden, sind die Menschen alle gleich. Das Gedicht endet düster und mutlos: „Alles ist austauschbar wo wir auch sind." (V. 16)

Sarah Kirsch möchte in ihrem Gedicht verdeutlichen, dass der moderne Mensch ein rastloses Dasein ohne den Sinn für das Wesentliche führt. Eine deutliche Veränderung gegenüber dem Jahr 1992 stellen beispielsweise die sozialen Medien dar, was sich auch aufs Reisen auswirkt. Viele klappern heutzutage die angesagten „Hotspots" ab, um schöne Fotos zu posten. Sie nehmen sich aber nicht die Zeit, länger an einem Ort zu verweilen, Einzelheiten zu erkunden oder andere Kulturen kennenzulernen. Schluss

## 3. Stadtleben

### „Städter" (Alfred Wolfenstein)

Einleitung

Das Gedicht „Städter" von Alfred Wolfenstein, 1914 erschienen in dem Band „Die gottlosen Jahre", thematisiert das Leben in der Stadt. Es besteht aus vier Strophen mit zweimal vier sowie zweimal drei Versen, also zwei Quartetten und zwei Terzetten, und ist somit ein Sonett. Das Reimschema der ersten beiden Strophen ist ein umarmender Reim mit (abba), in der dritten Strophe (abc) sowie in der vierten Strophe (cab).

Hauptteil

Alfred Wolfenstein beschreibt in seinem Gedicht das Leben von Städtern in sehr negativer Weise. Sie wohnen in dicht gedrängten Häusern inmitten „geschwollener Straßen" (vgl. V. 3 f.). In den Straßenbahnen sitzen viele Menschen zusammen, doch sie sind nur „Fassaden" (V. 6), d. h., sie zeigen nur ihr Äußeres, geben jedoch keinen Einblick in ihr Innenleben. Im öffentlichen Nahverkehr sprechen Menschen selten miteinander und schon gar nicht, wenn sie sich nicht kennen.

Auch in den Wohnungen und Häusern leben die Menschen dicht gedrängt. Jeder bekommt durch die Wände, die „so dünn wie Haut" (V. 9) sind, alles vom anderen mit. Trotzdem lebt jeder wie in einer „dick verschlossn[en] Höhle" (V. 12) und fühlt sich alleine, offenbar auch emotional „unangerührt" (V. 13). Die Einsamkeit wird noch verstärkt durch die Tatsache, dass eigentlich viele Menschen um einen herum sind, zu denen man jedoch keine Beziehung hat.

Schluss

Die Wohnverhältnisse in der Stadt sind so beengt, dass jeder vom anderen alles mitbekommt, ob er will oder nicht. Sogar wenn man nur flüstert, kommt dies durch die dünnen Wände wie „Gegröle" beim anderen an (V. 11). Diese Textstelle erinnert mich an die Situation in unserem Wohnhaus: Ich höre von unseren Nachbarn auch, wenn sie streiten, staubsaugen oder fernsehen, aber sonst weiß ich gar nichts über sie, weil wir uns auch lediglich im Hausflur grüßen.

## 2. Prosa

### 1. „Wo bekomme ich jetzt etwas zu essen her?" (Mahmood Falaki)

Einleitung

In der Erzählung „Wo bekomme ich jetzt etwas zu essen her?" von Mahmood Falaki, veröffentlicht in dem Band „Ich bin Ausländer und das ist auch gut so", erschienen 2013 im Sujet Verlag, geht es um eine Zugfahrt, die aufgrund eines Personenschadens unterbrochen werden muss.

Hauptteil

Der Erzähler sitzt zusammen mit einigen Mitreisenden im Zugabteil. Plötzlich bremst der Zug und bleibt stehen. Nach längerer Wartezeit kommt eine Durchsage: Es gibt einen Personenschaden. Den Reisenden wird klar, dass ein Mensch Selbstmord begangen hat und der Zug deswegen vorerst nicht weiterfahren kann, sondern auf das Räumkommando warten muss.

Zu Beginn der Erzählung werden die Mitreisenden beschrieben. Nach der Durchsage des Zugführers äußern sich fast alle zu dem „Vorfall", und zwar ausnahmslos ohne sichtbare Anteilnahme. Nach einer ersten „Totenstille" (Z. 33) meint eine 60-jährige Frau, die vor dem Zwischenfall gelesen und mit ihrem Mann telefoniert hat, laut: „‚Ach, schon wieder!'" (Z. 34 f.) Ein junges Paar, das am Anfang der Reise mit sich selbst beschäftigt war, bleibt zurückhaltend und guckt verwirrt. Der junge Mann hofft, dass es nicht so lange dauere. Ein Mann im Anzug,

Mitte 40, der sich vorher mit seinem Laptop beschäftigt hat, ist empört, dass er nun seinen Vorstellungstermin verpassen wird. Die ältere Frau ruft sofort ihren Gesprächspartner wieder an und beklagt sich, dass ihr so etwas schon wieder passieren muss und dass jemand mit seinem Selbstmord anderen Menschen Schwierigkeiten bereitet. Fast gleichzeitig bespricht sie wieder alltägliche Dinge und gibt ihrem Mann Anweisungen, wie er seine Mahlzeit zubereiten solle. Zuletzt wendet sie sich an den Erzähler und fragt, wo sie nun etwas zu essen herbekäme, wenn sie so lange warten müsse. Die Fahrgäste reagieren ohne Mitgefühl auf das Unglück und gehen sofort zur Tagesordnung über. Sie sehen nur ihre eigenen Probleme und machen sich keine Gedanken über das Opfer.

Schluss

Der Text zeigt, wie egoistisch viele Menschen sind. Mit sich selbst beschäftigt, haben sie keine Zeit, sich mit dem Schicksal anderer zu befassen. Dem Selbstmörder wird kein Mitleid entgegengebracht, stattdessen wird er als lästiges Problem betrachtet. Ich finde es erschreckend, wie wenig Mitgefühl manche Menschen haben. Beim Lesen des Textes fielen mir die Leute ein, die bei Unfällen fotografieren. Ich kann nicht verstehen, wie man Menschen so wenig Respekt entgegenbringen kann.

## 2. „Nicht erwünscht" (Günter Thumm)

Einleitung

In der Erzählung „Nicht erwünscht" beschreibt Günter Thumm das enge Verhältnis eines alten Mannes zu seinem Hund. Der Mann muss den Hund weggeben, weil er ins Seniorenheim umzieht, wohin er sein Haustier nicht mitnehmen darf – es ist dort „nicht erwünscht", wie es im Titel heißt. Der Hund spürt, dass etwas Ernstes passieren wird, weil sein Herr ihn zum ersten Mal am Tisch füttert und nicht an seinem Platz. Mit trauriger Stimme erklärt der Mann seinem Hund schließlich, dass der Abschied bevorsteht. Die Geschichte endet damit, dass der alte Mann abgeholt wird. Er presst den Hund an sich und weint.

Hauptteil

Günter Thumms Geschichte ist sehr traurig. Zunächst beschreibt der Autor, wie der Mann den Hund füttert. Dieser ist gut erzogen und macht genau das, was sein Herr ihm beigebracht hat. Der Mann spricht mit seinem Hund wie mit einem Menschen. Er nennt ihn „Fellow", Gefährte, denn das ist der Hund für ihn geworden, seit seine Frau vor acht Jahren gestorben ist. Ihm vertraut er seine Sorgen und die Trauer „über den Tod seiner Frau an" (Z. 10). So fühlt er sich trotz dieses Verlustes nicht einsam. Außerdem hat er durch seinen Hund eine Aufgabe, weil er für ihn sorgen, ihn füttern muss. Viele alte Menschen haben ein Haustier, was besonders, wenn der Partner gestorben ist, für sie sehr wichtig ist.

Hauptteil

Günter Thum zeigt mit seiner Kurzgeschichte, wie schlimm es für einen alten Menschen sein kann, wenn man ihm das Einzige nimmt, was ihm noch wichtig ist. Die Tatsache, dass der alte Mann seinen Hund nicht mit in das Seniorenheim nehmen kann, raubt ihm gewissermaßen den Sinn des Lebens. Das Tier ist für ihn sehr wichtig, seit er Witwer geworden ist. Schon der Umzug in das Heim ist für ihn sicherlich schwierig, weil er damit seine gewohnte Umgebung verlassen muss. Da ist es doppelt schlimm, dass er das vertraute und für ihn so wichtig gewordene Haustier nicht mitnehmen darf. Ich kann mir gut vorstellen, dass er an diesem Verlust innerlich zerbricht und womöglich gar nicht mehr weiterleben will.

### 3. „Die Spur im Sand" (Charlotte Ueckert)

In ihrer Kurzgeschichte „Die Spur im Sand" schildert Charlotte Ueckert ein unheimliches Erlebnis des Ich-Erzählers am Meer. Als dieser am Strand entlangläuft, sieht er den Abdruck nackter Füße im Sand. Aus der Größe schließt er, dass es sich um ein kleines Kind handeln muss, das hier vor ihm gelaufen ist. Die Spur verliert sich in den Wellen. Plötzlich sieht er jedoch die Abdrücke großer Schuhe aus dem Wasser führen. Ihm ist unheimlich zumute, weil er sich das nicht erklären kann. Dann sieht er das Kind vor den Dünen sitzen. Es hat viel zu große Turnschuhe getragen. Das Kind verschwindet schnell, als es ihn erblickt. Einleitung

Schon bevor die Spur im Wasser verschwindet, wundert sich der Ich-Erzähler darüber, dass ein so kleines Kind sich „allein am menschenleeren Strand" (Z. 6) aufhält. Als die Spur plötzlich ins Meer abbiegt, bekommt der Ich-Erzähler Herzklopfen. Er hat vermutlich Angst, dass dem Kind etwas passiert sein könnte. Nicht einmal er selbst will der Spur „dorthin" (Z. 7) folgen. So läuft er weiter am Strand entlang und sieht eine Spur mit großen Abdrücken aus dem Wasser kommen, was er sich nicht erklären kann. Er findet das Ganze „unheimlich". (Z. 10) Kurz darauf sieht er jedoch das Kind vor den Dünen sitzen und beruhigt sich wieder. Hauptteil

Anfangs folgt der Ich-Erzähler der Fußspur eher gedankenverloren: „Nach einer Weile [...] merkte ich, dass ich immer einer Spur folgte." (Z. 1) Zum Zeitvertreib tritt er genau in die kleinen Fußstapfen. Als er sich umdreht, sieht er nur noch seine eigenen Fußabdrücke. Da wird ihm bewusst, dass es sich um die Spur eines Kindes handeln muss. Er kann das Kind aber nirgends sehen. Ab diesem Moment verfolgt er die Spur in der Hoffnung, das Kind irgendwo zu finden. Als sich die Fußabdrücke jedoch im Meer verlieren, erstarrt der Erzähler innerlich. Das anfängliche Spiel wird zur unheimlichen Ungewissheit über den Verbleib eines Kindes. Hauptteil

Erst am Ende der Erzählung wird die Situation aufgelöst, als das Kind fröhlich und gesund „die Schuhe schwenkend, in die Dünen" (Z. 12 f.) rannte.

# Pflichtteil – Teil A

## A1 – Sachtext

### „Annäherung an den Begriff ‚Reisen'"

### Textverständnis

**1. Richtig oder falsch?**

| | richtig | falsch |
|---|---|---|
| a) | | x |
| b) | x | |
| c) | x | |
| d) | | x |
| e) | | x |
| f) | x | |

**2. Begriffszuordnung**

**Massentourismus:** Übervölkerung der Strände, Umweltzerstörung und -verschmutzung, Massenphänomen
**Individualreise:** zur Ruhe kommen, pilgern gehen

**3. Textstellen finden**

a) „Im Lauf des 18./19. Jahrhunderts schickten wohlhabende Familien ihre Söhne auf Bildungsreisen nach Italien." (Z. 34 f.)

b) „Durch die immer schneller fortschreitende Industrialisierung konnten die Menschen wegen der Entwicklung der Eisenbahn und schließlich des Automobils schneller an andere Orte gelangen, das Reisen wurde auch Frauen und Unprivilegierten zugänglich." (Z. 57 – 62)

**4. Vorteile einer Pauschal- bzw. Individualreise beschreiben**

a) Wenn ich einen Urlaub machen möchte, bei dem ich mich vor Ort um nichts kümmern muss, dann entscheide ich mich für eine Pauschalreise. Denn ich wähle lediglich ein Reiseziel, bezahle und kann den Urlaub genießen.

b) Eine Individualreise hingegen ist etwas sehr Persönliches. Man beschäftigt sich schon lange im Voraus mit dem Land und den dortigen Angeboten. Der Urlaubsort muss sorgfältig ausgewählt werden und vor Ort kümmert man sich selbst um alles. So lernt der Reisende viel mehr über Land und Leute und bereichert seinen Erfahrungsschatz.

## Sprachgebrauch

### 1. Rechtschreibstrategie benennen

räumlich – mit au: wird abgeleitet von Raum
Reiseerfahrung – ee: zusammengesetztes Substantiv aus den Wörtern „Reise" und „Erfahrung"
Welterkenntnis – Doppelkonsonant nn: nach kurz gesprochenem Vokal folgt ein doppelter Konsonant
Motiv – Wörter, die auf „iv" enden, schreibt man immer mit v
Distanz – Verb ableiten: „distanzieren"
Entdeckung – nach einem kurz gesprochenen Vokal kommt „ck"

### 2. Kommata begründen

a) Der eingeschobene Nebensatz (Relativsatz) wird durch Kommas vom Hauptsatz getrennt.
b) Eine Infinitivgruppe (um … zu plus Infinitiv) wird durch ein Komma getrennt.
c) Erstes Komma: Das Wort „dass" leitet einen Nebensatz ein, der durch ein Komma getrennt wird.
Zweites Komma: Bei einer konzessiven Satzverbindung markiert „obwohl" eine unerwartete Folge. Der dadurch eingeleitete Nebensatz wird durch ein Komma abgetrennt.

### 3. Beispiele für Wortarten finden

**Verben:** „kommt" (Z. 1), „erleben" (Z. 5)
**Pronomen:** „ihrer", „ihrem" (Z. 14)
**Adjektiv:** „sinnlich", „körperlich" (Z. 20)

### 4. Sätze bilden

a) Verreisen ist für Viele die schönste Beschäftigung.
b) Früher hatte man während einer Reise mit vielen Schwierigkeiten zu kämpfen.
c) Durch zunehmendes Umweltbewusstsein wird sich auch das Reiseverhalten ändern.

### 5. Synonyme finden

Entfernung = Distanz (Z. 7)
Fokus = Mittelpunkt (Z. 24)
bestehen/geben = existieren (Z. 26)
Problematik = Schwierigkeit (Z. 38)

## A2 – Lektüre

### „Trügerische Stille" (Andreas Steinhöfel)

### 1. Situationswandel beschreiben

Carla und Logo sind gemeinsam an einem See. Sie sind alleine, der Mond scheint hell. Carla zieht sich zuerst aus und Logo schaut zu – er ist ganz bezaubert von Carla; dann zieht auch er sich aus. Carla bindet sich die Haare zusammen und dreht sich zum See um, um schwimmen zu gehen. Das Licht fällt auf ihren Rücken und Logo sieht Flecken auf der Haut. Er denkt, es sind Schatten, erkennt dann aber, dass es Striemen sind. Ihm wird klar, dass Carla heftig geschlagen wurde. Logo ist entsetzt und ihm wird eiskalt.

**2. Logos Familie in Carlas Vorstellung und in Wirklichkeit vergleichen**

Carla glaubt, dass Logos Familie perfekt ist – eine Bilderbuchfamilie. Alle lieben sich und verbringen viel Zeit miteinander. In Wirklichkeit ist ein Kind schwer krank und bekommt wenig Zuneigung von der Mutter. Stattdessen kümmert sich Logo um seine Geschwister.

**3. Carlas Besuch der Unglücksstelle erklären**

Carla möchte sich vermutlich von ihren Eltern verabschieden. Sie wurde bei dem Unfall aus dem Wagen geschleudert und musste zusehen, wie die beiden ertranken. Carla hofft, dass die Fahrt zur Unglücksstelle die Träume beendet, die sie seitdem jede Nacht verfolgen.

**4. Carlas Brief an ihre Eltern verfassen**

Liebe Mama, lieber Papa,

hoffentlich geht es euch da, wo ihr jetzt seid, gut. Ich möchte mich nun verabschieden, um Ruhe zu finden. Das Leben mit euch war schrecklich. Zu oft gab es Streit, Schläge und ein dunkles Schweigen. Es war so, als würdet ihr euch gar nicht kennen. Habt ihr euch jemals gefragt, wie es mir dabei ging? Mit wem hätte ich denn reden sollen? Es ist furchtbar, mit einem Gürtel verprügelt zu werden, und es ist noch furchtbarer, wenn die Mutter dazu schweigt. Trotzdem wart ihr meine Eltern und ich vermisse euch.

Eure Carla

## Wahlteil – Teil B

### 1. Erörterung

### „Zweifelhaftes Vergnügen – Schimmelpilz Massentourismus"

Der Onlineartikel „Zweifelhaftes Vergnügen – Schimmelpilz Massentourismus" beschäftigt sich mit der Reiselust der Deutschen und geht dabei vor allem auf den Massentourismus ein.
Die Angebote der Hotels klingen verführerisch. Für wenig Geld bekommt man „all inclusive", und alle sprechen Deutsch, egal wo auf dieser Welt. Viele Menschen verbringen ihren Urlaub am liebsten auf diese Art und Weise. Dennoch ist unsicher, wie lange noch: „Die steigenden Ölpreise werden Flugreisen verteuern, …" (Z. 60) Denn obwohl sehr viel Geld für den Urlaub ausgegeben wird, sind es eher Menschen mit geringerem Einkommen, die sich für den Massentourismus entscheiden. Aber ist das überhaupt sinnvoll?
Die Autorin des Artikels nennt vor allem drei negative Auswirkungen. Zum einen leidet die Authentizität der Länder unter den Menschenmassen: „Durch die Touristen verkitscht die Kultur der Einheimischen zunehmend …" (Z. 69 f.) Zum anderen werden wichtige Ressourcen verbraucht: „So führt der exzessive Wasserverbrauch der Besucher in der Mittelmeerregion zu Wasserknappheit, …" (Z. 64 ff.) Darüber hinaus leidet die Umwelt noch mehr: „Zersiedelung und Verstädterung strapazieren die Natur, Strände, Wälder – mit das teuerste Gut der Ferienparadiese." (Z. 67 ff.)

Die Reisebranche sollte also umdenken. Nachhaltigkeit und faire Bezahlung für die Angestellten der Hotels müssen mehr berücksichtigt werden. Mir persönlich ist es wichtiger, fremde Regionen kennenzulernen, als jeden Abend an einem übermäßig gefüllten Buffet zu stehen. Und mit einem günstigen Zug- oder Busticket geht das auch ohne viel Geld.

**Textbeschreibung**

## 2. Lyrik

### „Zwei Heimgekehrte" (Anastasius Grün)

Das Gedicht „Zwei Heimgekehrte" von Anastasius Grün stellt dar, wie unterschiedliche Sichtweisen ein Erlebnis verändern können. Es besteht aus vier Strophen mit je vier Versen, die im Paarreim (aabb) verfasst sind.
Der Autor beschreibt die Wanderung zweier Männer in die Alpen. Der eine möchte nur deshalb in die Berge, weil Wandern gerade in „Mode" (V. 3) ist, der andere liebt es wirklich leidenschaftlich. Nach ihrer Heimkehr werden sie über die Reise ausgefragt. Beide beschreiben die gesehene Natur (V. 3) gleich. Der Modeabhängige hat sie jedoch mit sehr viel Gleichmut und Langeweile erlebt, der leidenschaftliche Wanderer dagegen mit Begeisterung und großer Freude an dem, was er gesehen hat. Sprachlich erkennt man dies im Gedicht an dem Seufzer „Ach" (V. 11) im Gegensatz zu dem eifrigen „Ei" (V. 15) des Naturliebhabers.
Anastasius Grün zeigt an diesem Beispiel, wie unterschiedlich die innere Einstellung ein Erlebnis macht. Ausschlaggebend sind dabei die Gefühle und Gedanken der Person, die etwas erlebt. Wenn meine Freundin zum Beispiel Angst vor Hunden hat, wird sie niemals verstehen können, wie gerne ich selbst einen hätte und was ein Hund für mich bedeutet. Um sich wirklich ein Bild zu machen, muss man also die inneren Erlebnisse mit einbeziehen und den eigenen Standpunkt dabei verlassen können.

## 3. Prosa

### „Die Kunst, falsch zu reisen" (Kurt Tucholsky)

Kurt Tucholsky hat in seinem Text „Die Kunst, falsch zu reisen" eine Art Regelwerk für Reisende verfasst. Er beschreibt, wie sich ein Mann in einem fremden Land auf gar keinen Fall verhalten sollte. Dabei gibt er Tipps für den Zug, das Hotel oder auch die Stadtbesichtigung. Während des Lesens hat man einen schlecht gelaunten, ewig nörgelnden Deutschen mit kurzen Lederhosen und Federhut vor Augen, der seine Frau und alle anderen Mitmenschen wegen jeder Kleinigkeit angeht.
Die Wirkung dieses Textes auf den Leser ist verblüffend. Er bringt uns einerseits immer wieder zum Lachen, andererseits schämt man sich für das beschriebene Verhalten, weil man es in dieser Form auch schon erlebt hat. Kurt Tucholsky nutzt in seinem Text das Stilmittel der Ironie, um aufzuzeigen, wie man sich in einem fremden Land nicht verhalten sollte. Es werden typische Begegnungen zwischen Reisenden und Einheimischen beschrieben, die sehr respektlos ablaufen. Dabei wird schnell klar, dass genau das Gegenteil angemessen wäre. Der Autor schildert das Verhalten des Reisenden sehr überzogen und entlarvt es so.
Das richtige Reisen lässt sich in den Augen des Autors nicht im Detail planen. Er empfiehlt, sich treiben (Z. 125 f.) zu lassen, gelassen zu bleiben und dabei auch zuzulassen, dass man nicht alles versteht. Da unser Alltag oft genau das Gegenteil davon verlangt, ist es für viele Menschen sehr schwierig, sich so zu verhalten, und damit eben eine Kunst.

# Pflichtteil – Teil A

## A1 – Sachtext

## Neue Stadt – neues Zuhause?

### 1. Textverständnis

**a) Zwei Möglichkeiten, zu wohnen, nennen**

- ein Zimmer in einer Wohngemeinschaft
- ein Zimmer in einem Wohnheim

*oder*

- eine eigene Wohnung

**b) Richtig oder falsch?**

1. falsch
2. richtig
3. falsch

**c) In eigenen Worten erklären**

1. Ich bin der „Herrscher in meinem eigenen Reich", wenn ich selbst über alle Aspekte, die zu meinem Wohnen gehören, entscheiden kann. Ohne Mitbewohner/-innen, muss ich keine Rücksicht auf andere Wünsche oder Lebensweisen nehmen.
2. Wenn eine Wohnung allerdings viel Geld kostet, ist das „ein ganz schöner Batzen", der von meinem Einkommen für die Miete verbraucht wird.

**d) Vor- und Nachteile der jeweiligen Wohnformen nennen**

In einer Wohngemeinschaft teilt man sich viele Gegenstände, die in eine Wohnung gehören. So muss man sich nicht alles selbst anschaffen. Allerdings muss man auch auf die anderen Rücksicht nehmen und kann nicht alles alleine entscheiden.
Die billigste Art alleine zu wohnen, ist ein Zimmer in einem Wohnheim. In der Regel sind diese Zimmer aber zu klein, um dort Besuch zu bekommen.
Die eigene Wohnung bietet die meiste Privatsphäre und Selbstbestimmung. Man ist allerdings auch für alle Pflichten selbst verantwortlich.

## 2. Sprachgebrauch

### a) Rechtschreibstrategie benennen

1. War**mm**iete: Das Wort wird aus dem Adjektiv „warm“ und dem Substantiv „Miete“ gebildet. Beim Zusammenschreiben werden beide Buchstaben „m“ beibehalten.
2. W**ä**sche: Das Substantiv „Wäsche“ gehört in die Wortfamilie „waschen“. Der Vokal „a“ erklärt die Verwendung des Umlauts „ä“.
3. regelmäß**ig**: Die Endung -ig gehört zu den möglichen Endungen von Adjektiven. Die Schreibprobe macht man durch eine Verlängerung des Wortes, die den Buchstaben „g“ hörbar macht (regelmäßige).
4. schlie**ß**lich: der Umlaut -ie vor dem s-Laut wird lang gesprochen (Hörprobe) und hat somit eine scharfes ß zur Folge (-ss folgt auf einen kurzen Vokal).

### b) Satzzeichen ergänzen

1. Eine Auszubildende berichtet**,** dass es ihr in ihrem Wohnheim sehr gefällt.
2. In einem Zimmer**,** das du selbst eingerichtet hast**,** fühlst du dich wohl.
3. Für die eigene Wohnung benötigst du ein Bett**,** einen Kleiderschrank**,** Geschirr und viele weitere Dinge.
4. Ich sage meinen Eltern**:** **„**Ihr braucht euch keine Sorgen zu machen.**“**

### c) Beispiele für Wortarten nennen

1. Personalpronomen: ich *oder:* du, er, sie, es, wir, ihr, sie
2. Konjunktion: weil *oder:* wenn, obwohl
3. Präposition: wegen *oder:* vor, bei
4. Verb in der Grundform: spielen *oder:* essen, schreiben

### d) Sätze in Zeitformen setzen

1. Ich werde eine schöne Wohnung finden.
2. Ich rief meine beste Freundin an.
3. Der Vermieter ist sehr nett.

## A2 – Lektüre

### „Schneeriese“ (Susan Kreller)

### a) Themenfelder nennen

- Liebe
- Freundschaft
- erwachsen werden
- Familie
- Selbstfindung

*oder*

- Ehre

**b) Wortverknüpfungen erklären**

1. siamesische Häuser: Diese Wortverknüpfung leitet sich von dem Begriff „siamesische Zwillinge" ab, der besagt, dass zwei Kinder im Mutterleib an einer Stelle ihres Körpers zusammengewachsen sind. Die Häuser, in denen Adrian und Stella leben, sind vermutlich Reihenhäuser oder Doppelhaushälften, die ebenso zusammengewachsen aussehen.
2. Dreitotenhaus: Da die beiden Freunde wissen, dass innerhalb kurzer Zeit im Nachbarhaus drei Menschen verstorben sind, nennen sie das Haus „Dreitotenhaus".
3. Haltestellenmoment: Adrian und Stella treffen sich, nachdem sie die neue Familie im Nachbarhaus kennengelernt haben, nur noch an der Bushaltestelle. Vorher waren sie beste Freunde, die täglich Zeit miteinander verbrachten. Doch nun vermeidet Stella die Gesellschaft von Adrian, der sie sehr vermisst und den Moment an der Haltestelle in sich aufsaugt.

**c) Merkmale von Misses Elderly nennen**

- rote Haare
- raucht Vanillezigaretten
- Faible für künstliche Namen
- versteht immer, was gemeint ist
- interessiert sich für Menschen
- liest den Kindern Märchen vor

*oder*

- Hört sich alte Schallplatten an / trauert um einen Liebhaber / hatte ein Alkoholproblem / heißt die neuen Nachbarn willkommen / hatte eine Affäre

**d) Beschreiben, was Adrian klar wird**

Adrian erkennt einen neuen Blick in Stellas Augen. Vielleicht ein Leuchten oder Strahlen, dass er vorher noch nie gesehen hat. Es gefällt ihm vermutlich, dieses intensive Hinschauen seiner Freundin. Aber als Stella registriert, dass Adrian vor ihr steht und nicht Dato, verschwindet dieser spezielle Ausdruck. Ihre Mundwinkel gehen leicht nach unten und zeigen damit die Enttäuschung, die sie empfindet. Adrian wird klar, dass Stella in Dato verliebt sein muss, denn nur so lässt sich der neue Blick erklären. Ihm wird auch klar, dass sie ihn noch nie so angesehen hat, also für ihn nicht dieses Gefühl empfindet. In diesem Moment stirbt für ihn die Hoffnung, dass seine Gefühle erwidert werden.

**e) Dialog zwischen Dato und Stella vervollständigen**

**Dato:** *„Warum bist du ausgerechnet mit Adrian befreundet?"*

**Stella:** „Als Adrian mit seiner Familie im Haus nebenan eingezogen ist, waren wir noch sehr klein. Wir haben uns sofort gut verstanden und die Misses hat sich immer um uns beide gekümmert. Es war sozusagen vorbestimmt. Wir konnten zusammen lachen und lustig sein."

**Dato:** *„Was hat es mit dieser Hollywoodschaukel auf sich?"*

**Stella:** „Als wir noch kleiner waren, hat uns meine Oma dort immer Märchen vorgelesen. Ich erinnere mich noch an das tolle Gefühl, wenn wir in Decken gewickelt, einen Kakao in der Hand, sogar im Winter dort saßen und uns gut aufgehoben gefühlt haben."

**Dato:** *„Warum sehe ich dich nie mit Adrian zusammen?"*

**Stella:** „Adrian und ich sehen uns nicht mehr, seit wir beide uns kennen. Ich vermisse ihn sehr, unsere Gespräche und die Freundschaft. Aber im Moment stimmt irgendwas nicht. Vielleicht ist er eifersüchtig?"

**Dato:** *„Warum hast du früher Angst vor unserem Haus gehabt?"*

**Stella:** „Bevor ihr in das Haus eingezogen seid, stand es sehr lange leer. In den sechs Jahren davor sind dort drei Menschen gestorben. Deshalb dachten wir, dass das Haus seine Mieter umbringt."

**Dato:** „Warum nennst du ihn ‚Einsneunzig'?"

**Stella:** „Weil er ein Problem mit seiner Größe hat. Vor allem seine Mutter leidet darunter, dass er so groß ist und noch weiterwächst. Ich wollte, dass er es normal findet. Jeder ist, wie er ist."

**Dato:** „Warum nennst du deine Großmutter ‚Misses Elderly'?"

**Stella:** „Sie wollte irgendwann plötzlich so genannt werden. Den genauen Grund kenne ich nicht. Ich weiß aber, dass sie irgendwas vor uns verbirgt. Sie ist anders und mag ulkige Namen, wie auch Adrians Spitznamen ‚Einsneunzig'. Ich habe mich daran gewöhnt."

## Wahlteil – Teil B

### 1. Erörterung

**Dürfen erwachsene Kinder verlangen, bei den Eltern wohnen zu bleiben?**

In wenigen Wochen ist es soweit. Der Abschluss ist gemacht, die Lehrstelle zugesagt und die Freude auf mehr Freiheiten im Leben sehr groß. Doch wie soll man das finanzieren?
Ein Ausbildungsgehalt ist zu gering, um komplett unabhängig zu sein. Und neben der Ausbildung noch jobben plus Berufsschule? Das wird zu viel. Vielleicht ist das eigene Zimmer bei den Eltern doch die bessere Lösung. Man spart in der Regel ja nicht nur die Miete, sondern wird auch noch mit Lebensmitteln versorgt. Viele Eltern erledigen nebenbei noch alle lästigen Pflichten wie Wäschewaschen, Putzen oder den Einkauf. Eigentlich ist das Leben zu Hause wie im Hotel. Wenn man sich mit den Eltern gut versteht, ist es sehr bequem. Das Verhältnis zu den eigenen Eltern ist meiner Meinung nach ein wichtiger Faktor bei der Entscheidung, wie es nach dem Abschluss weitergehen kann. Im Idealfall ist es für beide Seiten schön, wenn die Familie weiter zusammenlebt. Im Fall von Michael Rotondo allerdings hätte ich als Richter genauso entschieden. Die Eltern wurden offensichtlich von ihrem Sohn nur ausgenutzt.

## Textbeschreibung

### 2. Lyrik

### „Besuch vom Lande“ (Erich Kästner)

Das Gedicht „Besuch vom Lande“ von Erich Kästner beschreibt die Eindrücke von Touristen in Berlin, die selbst auf dem Land wohnen. Das Gedicht setzt sich aus vier Strophen mit je fünf Versen zusammen. Das Reimschema ist abaab.
Erich Kästner stellt Berlin als sehr laut und grell dar. Die Geräusche erinnern an menschliches Stöhnen oder Schreien, überall sind Lichter oder Laternen, die die Nacht zum Tag machen. Der Autor personifiziert hier unterschiedliche Aspekte einer Großstadt wie Häuser, Autos und Bahnen. Die Besucher stehen „verstört“ (V. 1) am Potsdamer Platz, also mitten in Berlin und finden es „zu laut“ (V. 2). Vermutlich sind sie eine stille Nacht gewohnt. Alles erscheint ihnen „zu groß“ (V. 10) und „zu wild“ (V. 15). Nachdem sie sich das Treiben eine Zeit lang angesehen haben, bekommen sie sogar Angst und „machen alles verkehrt“ (V. 17). In ihren Ohren klingt es, als ob die Stadt selbst „stöhnt, / weil irgendwer sie schilt“ (V. 11 f). Das Gedicht endet mit dem Tod der Besucher, weil sie vor Schreck mitten auf dem Potsdamer Platz stehen bleiben und überfahren werden. Um die Handlung umzuschreiben, müsste ihnen ein/-e Anwohner/-in zu Hilfe kommen:

Sie machen vor Angst die Beine krumm.
Sie machen alles verkehrt.
Da lächelt sie plötzlich jemand an und fragt: „Kann ich helfen?“
Er bringt sie zum Hotel und niemand steht mehr rum,
der schaut wie die U-Bahn fährt.

### 3. Erzählung

### „Der Schritt zurück“ (Annette Ranert)

Die Erzählung „Der Schritt zurück“ von Annette Rauert ist eine Geschichte, die zeigt, dass es manchmal mehr Mut erfordert, einen Schritt zurück zu machen, als zu springen.
Ein Junge steht auf einem Zehnmeterbrett und schaut in die Tiefe. Er soll springen, hat aber große Angst davor. Noch größer ist seine Angst, sich vor den anderen zu blamieren. Doch im letzten Moment entscheidet er sich heldenhaft dafür, ganz bewusst umzudrehen. Seine innere Haltung bewirkt, dass ihn keiner auslacht. Alle akzeptieren die Entscheidung und der Junge weiß, dass er es eines Tages schaffen wird. Er hat sich noch nie so stark gefühlt wie in diesem Moment. Wenn er gesprungen wäre, hätten die anderen ihn zwar auch anerkannt, aber er wäre sich selbst nicht treu geblieben. Mit seiner Entscheidung hat er mehr gewonnen als nur den Beifall der anderen, nämlich die Achtung vor sich selbst. Ohne diese ist das Lob der anderen nichts wert.
Viele junge Menschen kennen das Gefühl, von Freundinnen und Freunden oder Gleichaltrigen zu etwas angestiftet zu werden. Wie oft macht man irgendeinen Unsinn mit, nur weil es alle machen. Bei mir war es das Rauchen. Seit ich mich entschieden habe, offen damit umzugehen, dass es mir nicht schmeckt, kann ich gelassen mit meinen Freundinnen und Freunden unterwegs sein, ohne mich zu rechtfertigen. Und schlecht vom Tabak wird mir jetzt auch nicht mehr.

## Pflichtteil – Teil A

### A1 – Sachtext

**„Warum sich Menschen tätowieren lassen: Über ein Schönheitsideal und den Spiegel der Persönlichkeit“**

#### Textverständnis

**1. Zwei Gründe, sich tätowieren zu lassen, nennen**

- Zeichen der Individualität
- auffallen und sich abheben von Gleichaltrigen

*oder*

- einschneidende Lebensereignisse festhalten

**2. Richtig oder falsch?**

a) richtig
b) falsch
c) falsch

**3. Drei Verhaltensweisen, die Menschen mit vielen Tätowierungen zeigen, nennen**

- Sie sind experimentierfreudiger und risikobereiter.
- Sie sind offen für Neues und abenteuerlustig.
- Sie sind auf der Suche nach Risiko und mehr Reizen.

*oder*

- Sie sind gesprächiger.

**4. Vier Möglichkeiten junger Menschen, sich abzuheben, finden**

Der Text nennt vier Möglichkeiten für junge Menschen, sich abzuheben: durch die Wahl der Kleidung, der Frisur, durch ungewöhnliche Hobbys oder Körperschmuck wie Tätowierungen oder Piercings.

#### Sprachgebrauch

**5. Beispiele für Wortarten nennen**

a) Personalpronomen: ich
b) Verb in der Grundform: fliegen
c) Konjunktion: und
d) Präposition: auf

**6. Schreibung der fettgedruckten Buchstaben erklären**

a) I**mm**er: Der Doppelkonsonant folgt auf einen kurz gesprochenen Vokal.
b) **A**ußergewöhnliches: Die Großschreibung ergibt sich durch die Substantivierung des Adjektivs.

### 7. Fett gedruckte Begriffe ersetzen

a) Tätowierte wollen sich **markieren**.
b) Wichtigster **Beweggrund** von Jugendlichen ist der Wunsch nach Individualität.
c) Tätowierungen sind inzwischen deutlich häufiger gesellschaftlich **akzeptiert**.

### 8. Fehlende Satzzeichen einsetzen

a) Es ist nicht leicht(,) zu erklären, warum sich Menschen tätowieren lassen.
b) Motive für ein Tattoo sind zum Beispiel ein Einhorn, ein Delfin, ein Schriftzeichen oder ein aufwendiges Bild.
c) „Morgen werde ich mir ein Tattoo stechen lassen", sagt die 18-jährige Tochter zu ihrer Mutter.

### 9. Sätze in angegebene Zeitformen setzen

a) Er hat sich für ein Tattoo am Oberarm entschieden.
b) Seine Tätowierung auf dem Rücken gefällt ihm nicht mehr.
c) Am Montag wird er sich im Tattoo-Studio beraten lassen.

## A2 – Lektüre

### „Der Sonne nach" (Gabriele Clima)

### 10. Themenfelder nennen

- Erwachsenwerden
- Freundschaft
- Beziehung zu den Eltern

*oder*

- Suche nach eigenständigem Leben
- Drogen
- Umgang mit Menschen mit Behinderung
- Grenzüberschreitungen
- Verantwortung
- Konflikte in der Schule

### 11. Kapitel zuordnen

Kapitel 6: Sie steigen in den Zug.
Kapitel 9: Andy und Dario sitzen am Meer.
Kapitel 13: Rak motorisiert den Rollstuhl.
Kapitel 20: Sie übernachten in einer Kirche.
Kapitel 25: Bei der Party lässt Dario Andy eine Weile alleine.
Kapitel 29: Ankunft bei Darios Vater.
Kapitel 32: Dario und die Nonne retten einen verletzten Vogel.
Kapitel 36: Andy und sein Vater besuchen Dario zu Hause.

**12. Darios Probleme mit Elisas Art, mit Andy umzugehen, in drei Beispielen beschreiben**

Elisa behandelt Andy wie ein kleines Kind – sie nimmt ihn und seine Bedürfnisse nicht ernst. Manchmal spricht sie mit ihm sogar in der dritten Person. Sie lächelt dauernd. Sie nimmt ständig seine angeblichen Bedürfnisse vorweg. Sie gesteht ihm keine Selbstständigkeit zu, nennt ihn „ihren" Andy. Sie hält Andy nicht für einen normalen Menschen.

**13. Andys erstes Wort und Darios Reaktion darauf beschreiben**

Im Wintergarten der Schule sagt Andy plötzlich „Onne", also „Sonne". Dario wundert sich kurz, versteht aber sein Bedürfnis und fährt mit ihm hinaus in den Hof, wo Andy die echte Sonne sehen und genießen kann.

**14. Zwei Veränderungen Andys nennen**

- Nach seiner Rückkehr spricht und antwortet Andy.
- Er bewegt sich mehr, kann z. B. den Arm bewegen.
- Er ist viel selbstständiger geworden.

**15. Darios Brief an Andy verfassen**

Piacenza, den 5. August 2020

Hi Andy,
lange nicht gesehen, was? Mann, unsere Reise war echt super, so viel Spaß hatte ich schon lange nicht mehr wie mit dir. Geht's dir auch so?
Für zwei Dinge möchte ich mich allerdings bei dir entschuldigen. Dass ich eingeschlafen bin, als wir zusammen am Strand saßen, tut mir wirklich leid. Du warst hinterher kalt wie ein Fisch, und das war meine Schuld. Und dass ich dich auf der Party bei Tiffany alleine gelassen habe, dass diese idiotischen Drogis so einen bescheuerten „Spaß" mit dir gemacht haben. Das war echt total daneben. Und ich hab's nicht verhindert!
Außerdem will ich mich bei dir noch für etwas bedanken. Als es mir echt mies ging, hast du mir den blauen Stein geschenkt. Das hat mir total geholfen, danach ging's mir viel besser.
Was mich echt aufregt, ist, wenn andere dich behandeln wie einen Idioten. Zum Beispiel die gaffenden und tuschelnden Leute auf dem Kirchplatz. Mann, denen haben wir's gezeigt mit dem rasenden Rakmobil. Die sind auseinandergespritzt wie die Hühner, echt krass.
Jedenfalls verstehen wir zwei uns prima und ich würde dich gerne wieder häufiger sehen. Vielleicht können wir ja sogar irgendwann noch mal miteinander losziehen, das würde mir echt Spaß machen.
So, du rasender Idiot, mach's gut und bis hoffentlich bald
Dein Dario

*oder*

**15. Dialog zwischen Dario und seiner Mutter vervollständigen**

**Mutter:** *„Ich hab' mir Sorgen um euch gemacht."*

**Dario:** „Kann ich verstehen. Tut mir echt leid. Aber ich musste das tun. Ich wollte Andy die ‚echte' Sonne zeigen und ihm ein Stück Freiheit ermöglichen. Ich selbst bin einfach vor meinen Problemen davongelaufen. Dass wir in den Zug gestiegen sind, hat sich halt so ergeben. Und dann kam alles Weitere wie von selbst. Zuerst wollten wir nur ans Meer. Bei Rak ist mir dann klargeworden, dass ich Papa suchen will."

**Mutter:** „Das kann ich verstehen. Und wie war es unterwegs?"

**Dario:** „Also wir haben viel erlebt. Einmal waren wir auf einer Party in irgendeiner Villa mit Pool und allem. War zuerst echt cool, aber dann lief's ziemlich schief – wir haben gerade noch die Kurve gekriegt. Und einmal in der Nacht habe ich zusammen mit einer Nonne einen verletzten Reiher gerettet."

**Mutter:** „Das hört sich ja spannend an. Und was habt ihr sonst noch erlebt?"

**Dario:** „Es war echt lustig mit Andy. In einem Einkaufszentrum sind wir mal eine halbe Stunde lang Rolltreppe gefahren. Andy war total glücklich und ich auch. Und als Andy in einer Bar plötzlich selbst ein Glas hochgehoben hat, Mann, das hat mich total beeindruckt."

**Mutter:** „Scheint ja wirklich ein toller Trip gewesen zu sein."

**Dario:** „Ja, die vier Tage haben uns beiden gutgetan. Mir ist einiges klar geworden. Und ich habe viel von Andy gelernt. Auch Andy hat so viel gelernt. Er kann sprechen, sich mehr bewegen. Er ist viel selbstständiger geworden. Ich bin echt froh, dass wir uns getroffen haben!"

## Wahlteil – Teil B

### 1. Erörterung

**„Hältst du es für richtig, dass die Arbeitgeber bestimmen, ob die Mitarbeiter sichtbare Tätowierungen haben dürfen?"**

Heutzutage sind immer mehr Menschen tätowiert. Der vorliegende Text „Kündigungsgrund: Tätowierung" handelt von der Problematik, die eine sichtbare Tätowierung im Arbeitsalltag mit sich bringen kann. Viele Arbeitgeber/-innen achten auf das Erscheinungsbild ihrer Angestellten und so kann es sein, dass ein gewünschter Karriereweg nicht eingeschlagen werden kann, weil die Bilder auf der Haut nicht zum Image passen. Die Arbeit im öffentlichen Dienst – wie bei der Polizei – ist besonders betroffen. Auch bei Berufen mit viel Publikumsverkehr, wie etwa Bankangestellte oder Servicekräfte im Restaurant, können Arbeitgeber/-innen Tattoos verbieten. Sichtbare Tattoos bringen viele Menschen immer noch mit Straftätern in Verbindung, und diesen würde man weder seine Sicherheit noch sein Geld anvertrauen. Gelegentlich klagen Arbeitnehmer/-innen, die wegen ihres Körperschmucks ihre Stelle verlieren, vor Gericht.

Mein persönlicher Wunsch ist es, im Einzelhandel zu arbeiten. Hier sind sicherlich größere Freiheiten möglich als bei Beamten oder Bankangestellten. Trotzdem wird es einen Unterschied machen, in welchem Bereich man arbeitet. Denn es gibt auf der einen Seite Geschäfte, die Wert auf Seriosität und ein klassisches Erscheinungsbild legen, und ebenso hippe Boutiquen, die mit Individualität spielen. Dort sind Tätowierungen sicherlich kein Problem. Man kann sich aber unter Umständen den Ausbildungsplatz nicht aussuchen.

Ich würde nicht vollständig auf Tätowierungen verzichten, um einem anderen Menschen zu gefallen. Dann wäre ich selbst nicht mehr authentisch und das ist mir wichtig. An einem Arbeitsplatz, an dem man viele Stunden des Tages verbringt, sollte man sich wohlfühlen, und das geht nur, wenn man sich nicht verstellen muss. Deshalb bin ich generell der Meinung, dass Arbeitgeber/-innen heutzutage die Individualität ihrer Mitarbeiter/-innen akzeptieren sollten.

## Textbeschreibung

## 2. Lyrik

### „Sozusagen grundlos vergnügt“ (Mascha Kaléko)

In dem Gedicht „Sozusagen grundlos vergnügt“ von Mascha Kaléko geht es um die regelmäßigen Abläufe der Natur und welche Auswirkungen sie auf das Wohlbefinden des lyrischen Ichs haben.
Das Gedicht besteht aus drei Strophen und insgesamt 26 Versen. Die ersten beiden Strophen haben jeweils acht Verse, die dritte Strophe besteht aus zehn Versen. Die erste Strophe beinhaltet einen unreinen umarmenden Reim sowie zwei Paarreime. Die zweite Strophe besteht aus vier Paarreimen und die dritte Strophe schließlich aus einem Kreuzreim und drei Paarreimen.
In der ersten Strophe beschreibt das lyrische Ich in einer langen Aufzählung die Vorgänge in der Natur, über die es sich freut. Innerhalb dieser acht Verse finden sich viele Alliterationen wie „Heckenrosen und Holunder“ (V. 4), „Brummer brummen“ (V. 6) und „Spatzen schwatzen“ (V. 8). Diese Beschreibung wirkt sehr lebendig und anschaulich. Die Wortspiele versetzen die Leserschaft in eine heitere Grundstimmung und veranlassen ein kurzes Innehalten und Lauschen.
Die zweite Strophe beschreibt die Abläufe in der Natur, deren Regelmäßigkeit durch das durchgehende Reimschema unterstrichen wird. Für das lyrische Ich sind die Wechsel von Tag und Nacht und der Jahreszeiten, Freude an der Natur und die Sicherheit, dass Ereignisse wiederkehren, der Sinn des Lebens. Die dritte Strophe beinhaltet eine starke Metapher, in der das lyrische Ich sein Seelenleben mit einem aufgeräumten warmen Haus vergleicht (vgl. V. 17 f.). In diesem Zustand fühlt es sich, als sei es bereits im Himmel (vgl. V. 19 f.). Derart zufrieden mit sich und der Welt, fallen ihm zwischenmenschliche Beziehungen leicht.
Ich erinnere mich an eine Situation im letzten Jahr, in der ich mich ähnlich gefühlt habe. Meine Fußballmannschaft konnte das schwerste Spiel der Saison in letzter Sekunde für sich entscheiden, indem ich das entscheidende Tor geschossen habe. Es hätte mich nicht gewundert, wenn ich in diesem Moment vor Freude in den Himmel hätte fliegen können.

## 3. Prosa

### „Im Abseits“ (Torsten Löschmann)

Die Kurzgeschichte „Im Abseits“ von Torsten Löschmann beschreibt das Gefühlsleben eines Vaters, der zu Hause auf seine 15-jährige Tochter wartet, die auf eine Party gegangen ist.
Der Vater freut sich auf einen gemütlichen Fernsehabend allein auf dem Sofa. Allerdings ist er so müde, dass er einschläft, obwohl sein Lieblingsverein Fußball spielt. Als er bemerkt, dass seine Tochter zur verabredeten Zeit noch nicht zu Hause ist, fühlt er sich bestätigt, denn dies sei „typisch“ (Z. 26) für sie. Er findet sie unzuverlässig und unterstellt ihr, dass sie ihre Eltern für „kleinkariert“ (Z. 27) hält und ihre Sorgen nicht ernst nimmt. Obwohl der Vater ein schlechtes Gewissen hat, weil er nicht weiß, wo sich seine Tochter aufhält, schiebt er ihr die Schuld zu und tut ihr damit unrecht. Zu Beginn geht man von einem typischen Verhältnis zwischen Eltern und Jugendlichen aus, doch die Geschichte wendet sich, als klar wird, dass die Tochter schon längst schlafend im Bett liegt. Die 15-jährige Tochter ist ein zuverlässiges Mädchen, das sogar vor der verabredeten Zeit nach Hause kommt. Sie verhält sich rücksichtsvoll und lässt sich von der grummeligen Art des Mannes nicht aus der Ruhe bringen. Sie macht insgesamt den überlegeneren Eindruck.
Die Wut des Vaters beginnt zunächst mit Wut auf sich selbst. Als der Mann aufwacht, ärgert er sich darüber, dass er eingeschlafen ist. Danach stellt er fest, dass sein Lieblingsverein das Fußballspiel verloren hat, was seine Laune weiter verschlechtert. Dann erst kommt die Tochter ins Spiel, deren Jacke er entdeckt. Der Anblick verstärkt auch sein Gefühl, ein schlechter Vater zu sein, er macht sich immer größere Sorgen. Selbst als er vor seinem zornigen Spiegelbild erschrickt, kommt er aus

seiner Wut nicht heraus. Er steigert sich immer weiter hinein, bis er schließlich sogar die Jacke, in der das Handy steckt, zerreißt. Dieser Zustand ebbt erst langsam ab, als er im Gespräch mit der verschlafenen Tochter, die brav im Bett liegt, merkt, dass er ihr großes Unrecht angetan hat.
Im Nachhinein wird der Vater sicher aus schlechtem Gewissen und Scham über seine Vorurteile gegenüber der Tochter sein eigenes Verhalten herunterspielen und der Mutter nur voll Lob berichten, wie zuverlässig das Mädchen die Vereinbarung eingehalten hat.

## Notizen

## Notizen

# Leitidee Zahl – Variable – Operation

## 1. Zahlterme berechnen

### Aufgabe 1

**Umwandlung in Dezimalzahlen**

$1{,}3 = 1{,}3$

$\frac{6}{5} = \frac{12}{10} = 1{,}2$

$1{,}26 = 1{,}26$

$\frac{5}{4} = \frac{125}{100} = 1{,}25$

Ordnung: $\frac{6}{5} < \frac{5}{4} < 1{,}26 < 1{,}3$

**Umwandlung in gleichnamige Brüche**

$1{,}3 = \frac{13}{10} = \frac{130}{100}$

$\frac{6}{5} = \frac{12}{10} = \frac{120}{100}$

$1{,}26 = \frac{126}{100}$

$\frac{5}{4} = \frac{125}{100}$

### Aufgabe 2

$22 - 10 \cdot \frac{1}{2}$ (Punkt vor Strich)
$= 22 - 5$
$= 17$

$(22 - 10) \cdot \frac{1}{2}$ (Klammer zuerst)
$= 12 \cdot \frac{1}{2}$
$= 6$

Im ersten Term muss „Punkt vor Strich" beachtet werden, während im zweiten Term zuerst die Klammer berechnet werden muss.

### Aufgabe 3

Von 0 bis 1 sind es 24 Kästchen. Also entspricht jedes Kästchen $\frac{1}{24}$.

(A) $\frac{6}{24} = \frac{1}{4} = 0{,}25$

(B) $\frac{9}{24} = \frac{3}{8} = \frac{375}{1000} = 0{,}375$

(C) $\frac{12}{24} = \frac{1}{2} = 0{,}5$

(D) $\frac{18}{24} = \frac{3}{4} = 0{,}75$

### Aufgabe 4

$\frac{6}{5} : \frac{3}{4} - \frac{4}{3} \cdot \frac{3}{5}$

$= \frac{6}{5} \cdot \frac{4}{3} - \frac{12}{15}$

$= \frac{24}{15} - \frac{12}{15}$

$= \frac{12}{15}$

$= \frac{4}{5}$

### Aufgabe 5

a) $2{,}3 \cdot 10^3$ $\quad$ $6{,}8 \cdot 10^5$ $\quad$ $9{,}1 \cdot 10^8$

b) 46 000 $\quad$ 72 000 000 $\quad$ 8 100 000

## 2. Mit Prozenten und Zinsen umgehen

### Aufgabe 1

a) $\boxed{W = \frac{G \cdot p}{100}} \Rightarrow W = \frac{240\text{ €} \cdot 2{,}5}{100}$

$W = 6\text{ €}$

b) $\boxed{p = \frac{W \cdot 100}{G}} \Rightarrow p = \frac{120\text{ l} \cdot 100}{800\text{ l}}$

$p = 15$

c) $\boxed{G = \frac{W \cdot 100}{p}} \Rightarrow G = \frac{45\text{ m}^2 \cdot 100}{3}$

$G = 1500\text{ m}^2$

### Aufgabe 2

25 % Preisnachlass bedeutet, dass das Fahrrad jetzt noch 75 % des ursprünglichen Preises kostet.

$$\begin{aligned} &:3 \quad 75\ \% \mathrel{\hat=} 375\text{ €} \quad :3 \\ &\phantom{:3}\quad 25\ \% \mathrel{\hat=} 125\text{ €} \\ &\cdot 4 \quad 100\ \% \mathrel{\hat=} 500\text{ €} \quad \cdot 4 \end{aligned}$$

Vor dem Preisnachlass kostete das Fahrrad 500 €.

### Aufgabe 3

a) $\boxed{Z = \frac{K \cdot p \cdot m}{100 \cdot 12}} \Rightarrow Z = \frac{4000\text{ €} \cdot 2{,}8 \cdot 4}{100 \cdot 12}$

$Z = 37{,}33\text{ €}$

b) $\boxed{Z = \frac{K \cdot p \cdot i}{100}} \Rightarrow Z = \frac{12\,500\text{ €} \cdot 3{,}2 \cdot 1}{100}$

$Z = 400\text{ €}$

c) $\boxed{Z = \frac{K \cdot p \cdot t}{100 \cdot 360}} \Rightarrow Z = \frac{8600\text{ €} \cdot 3{,}5 \cdot 178}{100 \cdot 360}$

$Z = 148{,}83\text{ €}$

**Aufgabe 4**

**1. Schritt:**
Berechnung des Gesamtpreises bei Händler A:

30 % von 7250 € = $\frac{30}{100} \cdot 7250$ € = 2175 €

18 Monatsraten zu je 300 € = 18 · 300 € = 5400 €

Gesamtkosten Händler A: 2175 € + 5400 € = 7575 €

**2. Schritt:**
Berechnung des Gesamtpreises bei Händler B:

40 % von 7250 € = $\frac{40}{100} \cdot 7250$ € = 2900 €

24 Monatsraten zu je 190 € = 24 · 190 € = 4560 €

Gesamtkosten Händler B: 2900 € + 4560 € = 7460 €

**3. Schritt:**
Berechnung der Preisdifferenz:

7575 € – 7460 € = 115 €

Bojan sollte sich für den Händler B entscheiden, weil das Angebot 115 € preiswerter ist.

**Aufgabe 5**

| Jahr | Kapital zu Jahresbeginn in € | Zinsen in € (Z = K · p %) | Kapital am Jahresende in € |
|---|---|---|---|
| 1 | 43 500 | 43 500 · 0,011 = 478,50 | 43 978,50 |
| 2 | 43 978,50 | 43 978,50 · 0,011 = 483,76 | 44 462,26 |
| 3 | 44 462,26 | 44 462,26 · 0,011 = 489,08 | 44 951,34 |
| 4 | 44 951,34 | 44 951,34 · 0,011 = 494,46 | 45 445,80 |

Evas Endkapital nach 4 Jahren beträgt 45 445,80 €.

## 3. Mit Termen umgehen, die auch Variablen enthalten

### Aufgabe 1

Für $x = -2$: $(2 \cdot (-2) + 1) \cdot (8 - (-2)) = (-4 + 1) \cdot (8 + 2) = (-3) \cdot 10 = -30$
Für $x = 0$: $(2 \cdot 0 + 1) \cdot (8 - 0) = 1 \cdot 8 = 8$
Für $x = 0{,}5$: $(2 \cdot 0{,}5 + 1) \cdot (8 - 0{,}5) = (1 + 1) \cdot 7{,}5 = 2 \cdot 7{,}5 = 15$

### Aufgabe 2

a) $(x - 3) \cdot 4$

b) $(27 - 3) \cdot 4 = 24 \cdot 4 = 96$

Die Einnahmen der Lehrerin betragen 96 €.

### Aufgabe 3

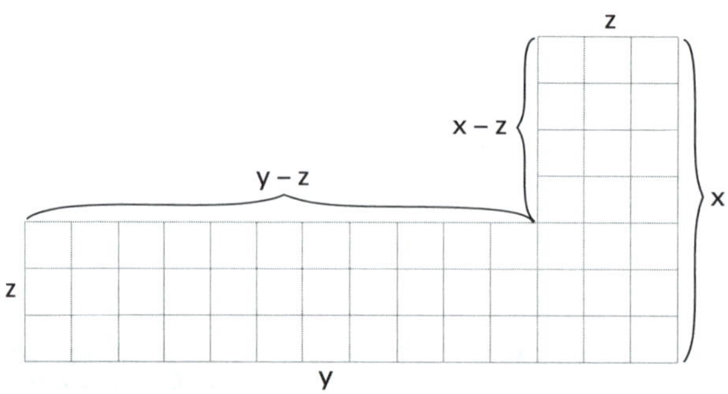


Umfang $= z + y + x + z + (x - z) + (y - z)$
$= 2z - 2z + 2x + 2y$
$= 2x + 2y$

### Aufgabe 4

a) $u = 2 \cdot (4a - 2) + 2a$
$= 8a - 4 + 2a$
$= 10a - 4$

b) $u = 10 \cdot 2{,}5 - 4$
$u = 25 - 4 = 21$

Der Umfang des Rechtecks beträgt 21 cm.

### Aufgabe 5

$6x \cdot 3 - (-2 + 4x) + 5$

$= 18x + 2 - 4x + 5$

$= 14x + 7$

## 4. Mit Wurzeln umgehen

### Aufgabe 1

a) Da $8^2 = 64$ und $9^2 = 81$ gilt, muss $\sqrt{68}$ zwischen den Zahlen 8 und 9 liegen.

b) $s^2 = 68$

$s = \sqrt{68} = 8{,}25$

Das Quadrat hat die Seitenlänge 8,25 m.

### Aufgabe 2

$k^3 = 91$

$k = \sqrt[3]{91}$

$k \approx 4{,}5$

Die Kantenlänge des Würfels beträgt etwa 4,5 cm.

### Aufgabe 3

[x] die Zahl 64

### Aufgabe 4

a) $V = a \cdot a \cdot a = a^3$

$1561 = a^3 \qquad | \sqrt[3]{\phantom{x}}$

$a = \sqrt[3]{1561}$

$a = 11{,}0$

Die Kantenlänge beträgt 11,6 m.

b) $O = 6 \cdot a^2$

$O = 6 \cdot (11{,}6)^2$

$O = 807{,}4$

Der Oberflächeninhalt beträgt 807,4 $m^2$.

### Aufgabe 5

$O = 6 \cdot a^2$

$96 = 6 \cdot a^2 \qquad | :6$

$16 = a^2 \qquad | \sqrt{\phantom{x}}$

$a = 4$

Die Kantenlänge beträgt 4 cm.

## 5. Gleichungen lösen

### Aufgabe 1

$-(x + 7) + 3x = 4x - 3$ | Klammern auflösen
$-x - 7 + 3x = 4x - 3$ | zusammenfassen
$2x - 7 = 4x - 3$ | $-4x$
$-2x - 7 = -3$ | $+7$
$-2x = 4$ | $:(-2)$
$x = -2$

### Aufgabe 2

$6 \cdot (3x - 7) - 12 - 4x = 9x - (7x + 6)$ | Klammern auflösen
$18x - 42 - 12 - 4x = 9x - 7x - 6$ | zusammenfassen
$14x - 54 = 2x - 6$ | $+54 - 2x$
$12x = 48$ | $:12$
$x = 4$

### Aufgabe 3

Gedachte Zahl = x

$x \cdot 5 + 6 = 7 \cdot x$
$5x + 6 = 7x$ | $-5x$
$6 = 2x$ | $:2$
$3 = x$

Die gedachte Zahl muss 3 sein.

### Aufgabe 4

$x \cdot 5 + 4 + 3x = 84 - 2x$
$\underline{9x} + 3x = 84 - 2x$

Es muss heißen:
$5x + 4 + 3x = 84 - 2x$
$8x + 4 = 84 - 2x$ | $+2x$
$10x + 4 = 84$ | $-4$
$10x = 80$ | $:10$
$x = 8$

### Aufgabe 5

x = Wassermenge (in Litern) in einer Mineralwasserflasche
$3 \cdot 1{,}5 + 4 \cdot 1 + 5x = 12$
$4{,}5 + 4 + 5x = 12$ | zusammenfassen
$8{,}5 + 5x = 12$ | $-8{,}5$
$5x = 3{,}5$ | $:5$
$x = 0{,}7$

In einer Mineralwasserflasche befinden sich 0,7 Liter Wasser.

## Leitidee Messen

### Aufgabe 1

Man kann den Pfeil in ein Trapez (links) und ein Dreieck (rechts) zerlegen.

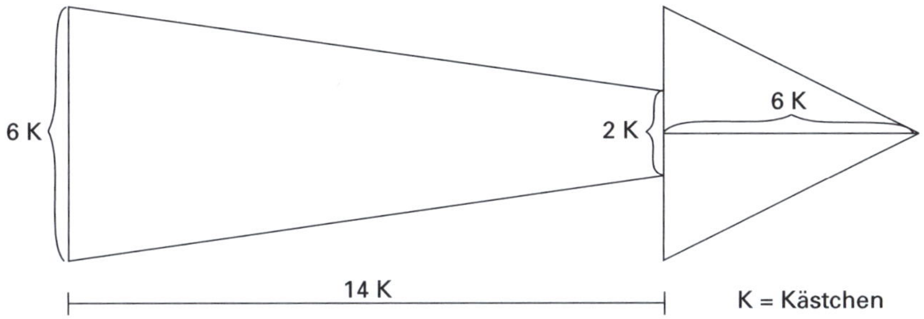


**1. Schritt:**
Berechnung des Flächeninhalts des Trapezes:

6 Kästchen = $6 \cdot 20$ cm ≙ 120 cm
2 Kästchen = $2 \cdot 20$ cm ≙ 40 cm
14 Kästchen = $14 \cdot 20$ cm ≙ 280 cm

$$A_T = \frac{a+b}{2} \cdot h = \frac{120+40}{2} \cdot 280$$
$$= \frac{160}{2} \cdot 280$$
$$= 80 \cdot 280$$
$$= 22\,400$$

Das Trapez hat den Flächeninhalt 22 400 $cm^2$ = 2,24 $m^2$.

**2. Schritt:**
Berechnung des Flächeninhalts des Dreiecks:

$$A_D = \frac{g \cdot h}{2} = \frac{120 \cdot 120}{2}$$
$$= 7200$$

Das Dreieck hat den Flächeninhalt 7200 $cm^2$ = 0,72 $m^2$.

Gesamtflächeninhalt des Pfeils:
2,24 $m^2$ + 0,72 $m^2$ = 2,96 $m^2$

**Aufgabe 2**

Das Rechteck hat den Flächeninhalt $A_R = a \cdot b = 20\ m \cdot 8\ m = 160\ m^2$.

Der Pfad hat die Form eines Parallelogramms mit der Grundseite $x = 1{,}50\ m$ und der Höhe $b = 8\ m$.
Der Flächeninhalt $A_P$ dieses Parallelogramms berechnet sich wie folgt:
$A_P = 1{,}50\ m \cdot 8\ m = 12\ m^2$
Damit ist der Flächeninhalt F der mit Rasen bedeckten Fläche
$F = A_R - A_P = 160\ m^2 - 12\ m^2 = 148\ m^2$.

**Aufgabe 3**

In der Zeichnung befinden sich ein großer Kreis mit Radius 4,5 m (= 1,7 m + 2,8 m) und ein kleiner Kreis mit Radius 1,7 m.
Der Flächeninhalt der zu teerenden Fahrbahn berechnet sich wie folgt:

$A_{\text{großer Kreis}} - A_{\text{kleiner Kreis}}$
$= \pi \cdot (4{,}5)^2 - \pi \cdot (1{,}7)^2$
$= 3{,}14 \cdot 20{,}25 - 3{,}14 \cdot 2{,}89$
$= 54{,}5104$

Die zu teerende Fahrbahn hat den Flächeninhalt 54,5 m².

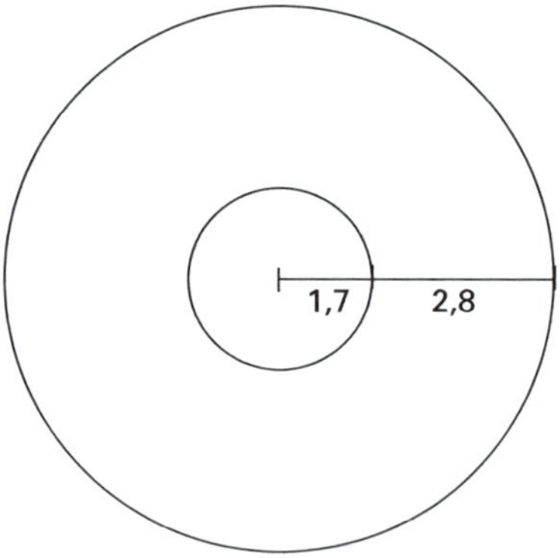


**Aufgabe 4**

Es gibt zwei Flächenabschnitte, die mit Rasen bedeckt sind. Eine hat die Form eines Trapezes, die andere hat die Form eines Rechtecks, aus dem ein Kreis (Teich) ausgeschnitten ist.

**1. Schritt:**
Berechnung des Trapezes:
Parallele Seite 1 = 9 m
Parallele Seite 2 = 19 m – 5 m = 14 m
Höhe = 24 m – 15 m – 1,5 m = 7,5 m

$A_T = \frac{a + b}{2} \cdot h = \frac{9 + 14}{2} \cdot 7{,}5 = 11{,}5 \cdot 7{,}5 = 86{,}25$

Das Trapez hat den Flächeninhalt 86,25 m².

**2. Schritt:**
Berechnung des Rechtecks:
$A_R = a \cdot b$
$= 19 \cdot 15$
$= 285$

Das Rechteck hat den Flächeninhalt 285 m².

**3. Schritt:**
Berechnung des Kreises:
$A_K = \pi \cdot r^2$
$= 3{,}14 \cdot (2{,}5)^2 = 19{,}63$

Der Kreis hat den Flächeninhalt 19,63 $m^2$.

**4. Schritt:**
Berechnung der Gesamtfläche, die mit Rasen bedeckt ist:
$A = A_T + A_R - A_K$
$A = 86{,}25 + 285 - 19{,}63$
$A = 351{,}62$

Die Gesamtfläche beträgt etwa 351,6 $m^2$.

**Aufgabe 5**

Der Flächeninhalt eines Kreissektors ist ein Sechstel des Flächeninhaltes des gesamten Kreises. Damit gilt:

$$A_{Sektor} = \frac{1}{6} \cdot \pi \cdot r^2$$
$$= \frac{1}{6} \cdot \pi \cdot 18^2$$
$$= 169{,}65$$

Der Flächeninhalt eines Kreissektors beträgt etwa 169,7 $m^2$.

**Aufgabe 6**

Mathematisch gesehen ist die Konservendose ein Zylinder. Der Flächeninhalt des Etiketts ist dann die Mantelfläche des Zylinders.

$M_Z = 2 \cdot \pi \cdot r \cdot h$
$M_Z = 2 \cdot 3{,}14 \cdot 3 \cdot 11$
$M_Z = 207{,}24$

Der Flächeninhalt des Etiketts ist etwa 207,2 $cm^2$.

**Aufgabe 7**

Volumen des kleinen Würfels $= a \cdot a \cdot a = a^3$

Volumen des großen Würfels $= (3a) \cdot (3a) \cdot (3a)$
$= (3 \cdot 3 \cdot 3) \cdot (a \cdot a \cdot a)$
$= 27 \cdot a^3$

Vergleicht man die beiden Volumina, sieht man, dass das Volumen des größeren Würfels 27-mal so groß ist wie das des kleinen Würfels.

**Aufgabe 8**

G = Grundfläche

$V_{Würfel} = G \cdot h = G \cdot 4$

$V_{Py1} = \frac{1}{3} \cdot G \cdot h = G \cdot \frac{1}{3} \cdot 4 \ = G \cdot \frac{4}{3}$

$V_{Py2} = \frac{1}{3} \cdot G \cdot h = G \cdot \frac{1}{3} \cdot 12 = G \cdot \frac{12}{3} = G \cdot 4$

$V_{Py3} = \frac{1}{3} \cdot G \cdot h = G \cdot \frac{1}{3} \cdot 8 \ = G \cdot \frac{8}{3}$

Die Pyramide 2 hat das gleiche Volumen wie der Würfel.

**Aufgabe 9**

Der Körper lässt sich in 4 gleich große Würfel teilen.

$V = 4 \cdot V_1$

$V_1 = a^3$

$V_1 = 50^3 = 125\,000$

$V = 4 \cdot 125\,000 = 500\,000$

Das Volumen beträgt 500 000 $mm^3$.

Die Oberfläche lässt sich auf verschiedenen Wegen berechnen.

**I. Möglichkeit**

Ein Würfel hat 6 gleich große Flächen. Da die einzelnen Würfel mit ihrem Nachbarn eine Einheit bilden, entfallen die entsprechenden Grenzflächen.

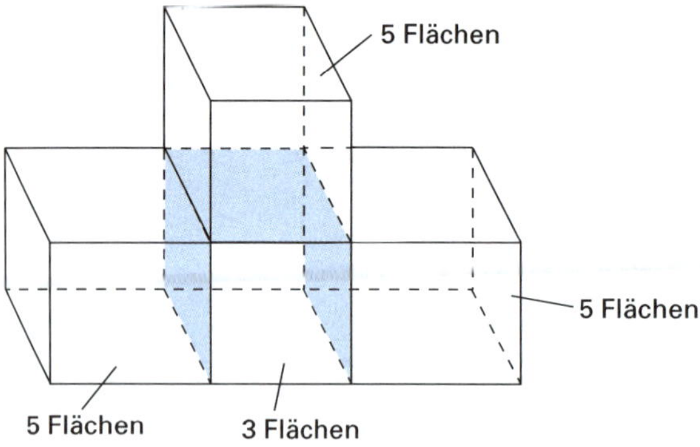


Summe = 5 Fl. + 5 Fl. + 5 Fl. + 3 Fl.
Summe = 18 Fl.

$A = a^2$
$A = 50^2 = 2500$
$O = 18 \cdot A = 18 \cdot 2500$
$O = 45\,000\ mm^2$

**II. Möglichkeit**

| | | | |
|---|---|---|---|
| Grundfläche | $= A_1 = 50 \cdot 150$ | = | 7500 |
| 2 x Seitenfläche | $= A_2 = 2 \cdot (50 \cdot 150) + 2\,(50)^2$ | = | 20 000 |
| 4 x Stirnfläche | $= A_3 = 4 \cdot (50)^2$ | = | 10 000 |
| 3 x Deckfläche | $= A_4 = 3 \cdot (50)^2$ | = | 7500 |
| | | | 45 000 |

Die Oberfläche beträgt 45 000 mm².

**Aufgabe 10**

$V_P = \frac{1}{3} \cdot G \cdot h$

$V_P = \frac{1}{3} \cdot 5^2 \cdot 10$

$V_P = \frac{1}{3} \cdot 250$

$V_P = 83{,}3$

Das Volumen der Pyramide beträgt 83,3 cm³.

## Leitidee Raum und Form

### 1. Dreiecke untersuchen

**Aufgabe 1**

In allen Teilaufgaben wird der Winkelsummensatz für Dreiecke verwendet: $\alpha + \beta + \gamma = 180°$

a) $\gamma = 180° - \alpha - \beta = 180° - 50° - 60° = 70°$

b) $\beta = 180° - \alpha - \gamma = 180° - 120° - 38° = 22°$

c) $\alpha = 180° - \beta - \gamma = 180° - 31° - 90° = 59°$

d) Es handelt sich um ein gleichschenkliges Dreieck mit $\alpha = \beta = 72°$.
Für $\gamma$ gilt daher: $\gamma = 180° - \alpha - \beta = 180° - 72° - 72° = 36°$

**Aufgabe 2**

[3] $\alpha = 87°$; c = 7 cm; $\beta = 42°$

[4] a = 6 cm; b = 4 cm; $\alpha = 68°$

[2] $\alpha = 53°$; b = 3 cm; c = 5 cm

[1] a = 4 cm; b = 3 cm; c = 2 cm

### Aufgabe 3

Das Dreieck ABC ist rechtwinklig, das Dreieck ADC ist spitzwinklig und das Dreieck DBC ist stumpfwinklig.

### Aufgabe 4

Da das Dreieck ABC gleichschenklig ist, gilt $\alpha = \beta$. Nach dem Winkelsummensatz im Dreieck gilt dann:

$\alpha + \beta + 128° = 180°$

$\alpha + \alpha + 128° = 180°$ | zusammenfassen

$2\alpha + 128° = 180°$ | – 128°

$2\alpha = 52°$ | : 2

$\alpha = 26°$

Damit gilt auch: $\beta = 26°$

### Aufgabe 5

a) Es gilt: $\alpha + \beta = 91° + 89° = 180°$. Wegen der Winkelsumme im Dreieck müsste für den fehlenden Winkel $\gamma$ gelten: $\gamma = 0°$. Deshalb kann man aus diesen Angaben kein Dreieck konstruieren.

b) Für die Summe der Seitenlängen von b und c gilt: b + c = 5 cm + 3 cm = 8 cm
Die dritte gegebene Seitenlänge ist a = 9 cm. Diese Seitenlänge ist größer als die Summe aus b und c. Deshalb kann man aus diesen Angaben kein Dreieck konstruieren.

## 2. Vierecke untersuchen

### Aufgabe 1

a) Quadrat; Rechteck; Raute; Parallelogramm

b) Quadrat; Raute; Drachenviereck

c) Raute; Parallelogramm; gleichschenkliges Trapez

### Aufgabe 2

a) Da im Parallelogramm jeweils gegenüberliegende Winkel gleich groß sind, gilt $\delta = \beta = 63°$ und $\alpha = \gamma$.

$\alpha + \beta + \gamma + \delta = 360°$

$\alpha + 63° + \alpha + 63° = 360°$ | zusammenfassen

$2\alpha + 126° = 360°$ | – 126°

$2\alpha = 234°$ | : 2

$\alpha = 117°$

Damit gilt auch $\gamma = 117°$.

b) Da im gleichschenkligen Trapez jeweils die an den parallelen Seiten anliegenden Winkel gleich groß sind, gilt $\gamma = \delta = 110°$ und $\alpha = \beta$.

$$\alpha + \beta + \gamma + \delta = 360°$$
$$\alpha + \alpha + 110° + 110° = 360°$$
$$2\alpha + 220° = 360° \qquad | -220°$$
$$2\alpha = 140° \qquad | :2$$
$$\alpha = 70°$$

Damit gilt auch $\beta = 70°$.

## 3. Ortslinien konstruieren

### Aufgabe 1

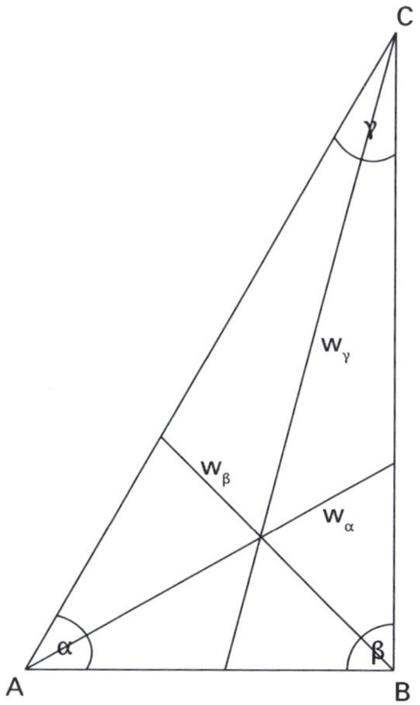


**Beobachtung:** Die drei Winkelhalbierenden schneiden sich in einem Punkt innerhalb des Dreiecks.

**Aufgabe 2**

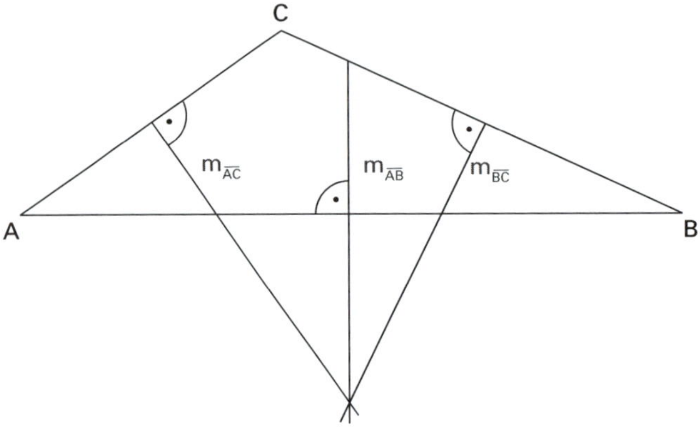


**Beobachtung:** Die drei Mittelsenkrechten schneiden sich in einem Punkt außerhalb des Dreiecks.

**Aufgabe 3**

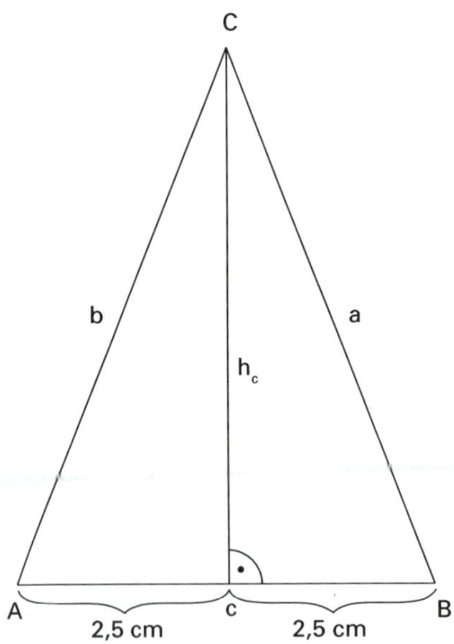


Die Teilstrecken sind jeweils 2,5 cm lang. Das ist die Hälfte der Gesamtstrecke $\overline{AB}$. Dies bedeutet, dass die Höhe $h_c$ in diesem Dreieck die Seite c halbiert.

## 4. Körper zeichnerisch darstellen

### Aufgabe 1

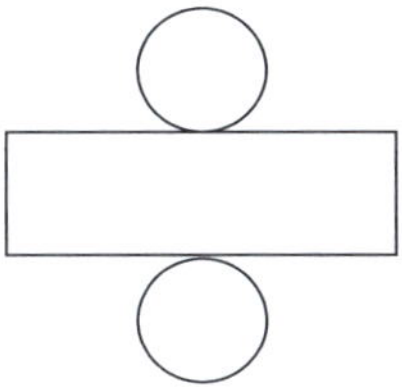

Zylinder

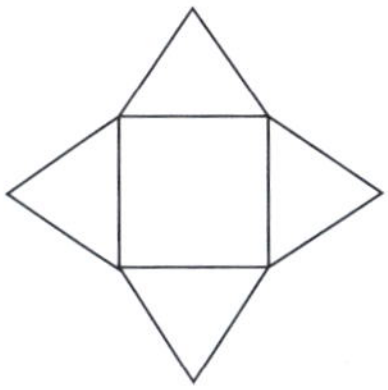

Pyramide

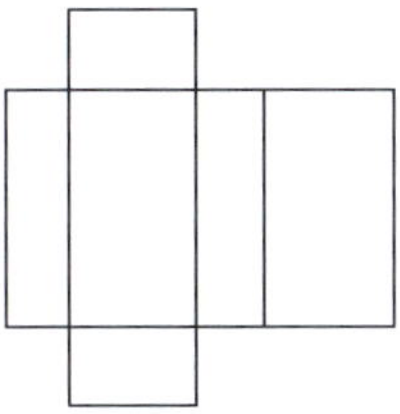

Quader

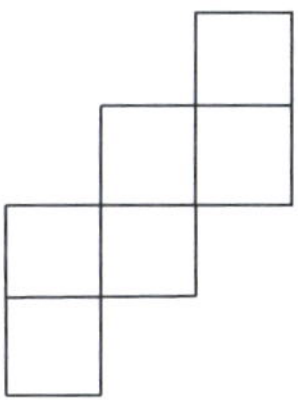

Würfel

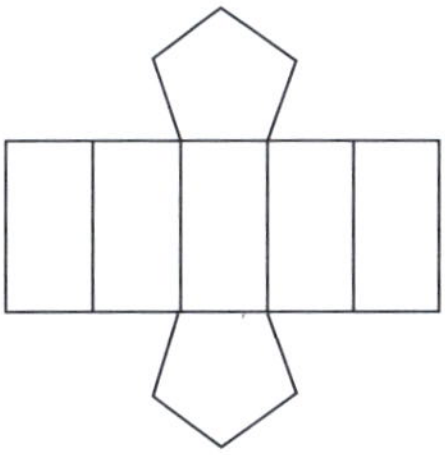

Fünfecksprisma

## Aufgabe 2

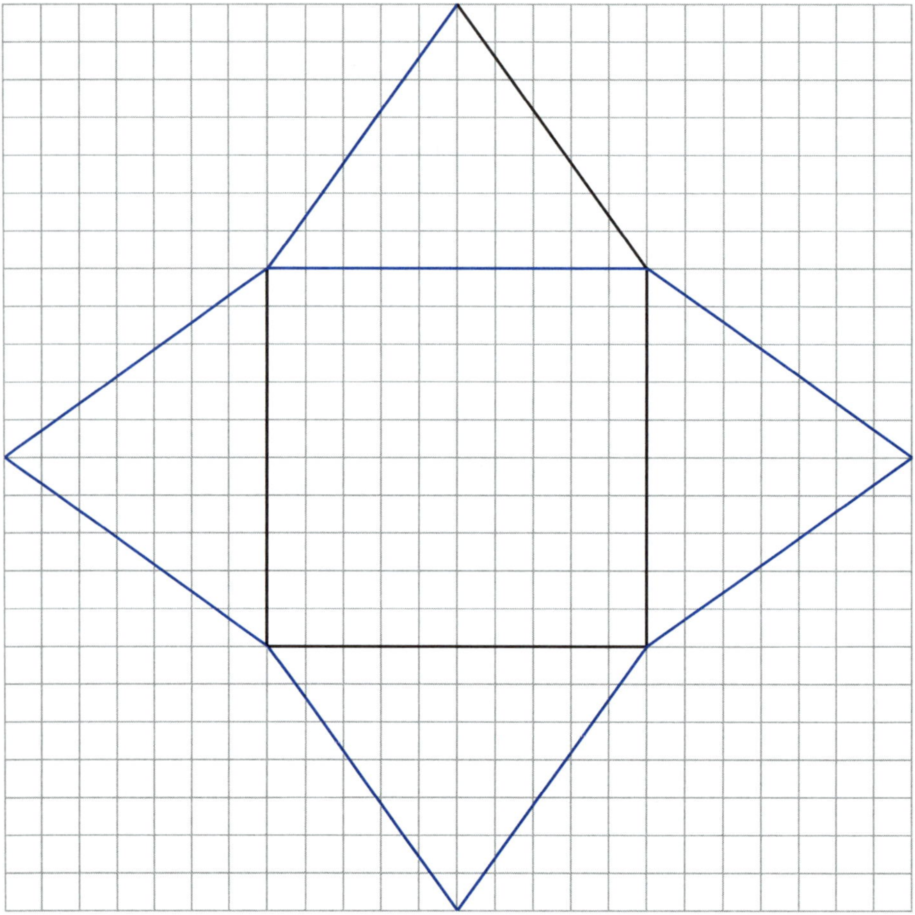

## 5. Den Satz des Pythagoras anwenden

### Aufgabe 1

a) Überprüfung mit dem Satz des Pythagoras:
   (1) $a^2 + b^2 = 5^2 + 12^2$
   $= 25 + 144$
   $= 169$
   (2) $c^2 = 13^2 = 169$
   (3) Also gilt für dieses Dreieck: $a^2 + b^2 = c^2$. Damit ist das Dreieck rechtwinklig.

b) Überprüfung mit dem Satz des Pythagoras:
   (1) $a^2 + b^2 = 1^2 + 2^2$
   $= 1 + 4$
   $= 5$
   (2) $c^2 = 3^2 = 9$
   (3) Da für dieses Dreieck: $a^2 + b^2 \neq c^2$ gilt, ist es nicht rechtwinklig.

### Aufgabe 2

a) $s^2 + r^2 = t^2$ b) $v^2 + w^2 = u^2$ c) $c^2 + b^2 = a^2$

d) $z^2 + x^2 = y^2$ e) $a^2 + c^2 = b^2$

### Aufgabe 3

Das Dreieck ABC wird durch die Höhe $h_c$ in zwei rechtwinklige Teildreiecke zerlegt.

Berechnung von $h_c$:

$h_c^2 + 3^2 = 4{,}2^2$

$h_c^2 + 9 = 17{,}6 \quad | -9$

$h_c^2 = 8{,}6 \quad | \sqrt{\phantom{x}}$

$h_c = \sqrt{8{,}6}$

$h_c = 2{,}93$ cm

Berechnung von b:

$h_c^2 + 1^2 = b^2$

$2{,}93^2 + 1 = b^2$

$b^2 = 9{,}58 \quad | \sqrt{\phantom{x}}$

$b = \sqrt{9{,}58}$

$b = 3{,}1$ cm

**Aufgabe 4**

**Schritt 1:** Berechnung der Flächendiagonale f:

$$a^2 + b^2 = f^2$$

$f^2 = 10^2 + 5^2$
$f^2 = 125 \quad | \sqrt{\ }$
$f = \sqrt{125}$
$f = 11{,}18$ cm

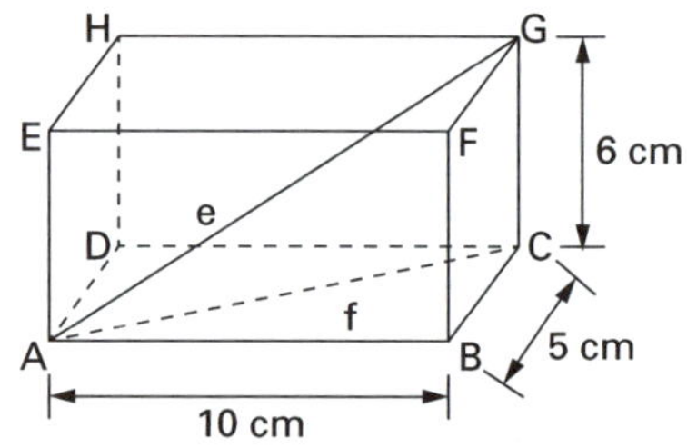


**Schritt 2:** Berechnung der Raumdiagonale e:

$$f^2 + c^2 = e^2$$

$e^2 = 11{,}18^2 + 6^2 \quad | \sqrt{\ }$
$e = \sqrt{11{,}18^2 + 6^2}$
$e = 12{,}69$ cm

Die Raumdiagonale e ist etwa 12,7 cm lang.

**Aufgabe 5**

**Schritt 1:** Berechnung der Höhe des Fernsehers:

Gegeben: a = 78,9 cm, d = 94 cm    Gesucht: h

$$a^2 + h^2 = d^2 \Rightarrow h^2 = d^2 - a^2$$

$h^2 = 94^2 - 78{,}9^2 \quad | \sqrt{\ }$
$h = \sqrt{94^2 - 78{,}9^2}$
$h = 51{,}1$ cm

**Schritt 2:** Berechnung des Flächeninhalts des Bildschirms:

$$A = a \cdot h$$

$A = 78{,}9 \cdot 51{,}1 = 4031{,}79$

Der Flächeninhalt des Bildschirms beträgt etwa 4031,8 $cm^2$.

# Leitidee Funktionaler Zusammenhang

## 1. Funktionale Zusammenhänge darstellen und nutzen

### Aufgabe 1

a) Die wenigsten Bundesbürger/-innen erwerbstätig: 2003 mit 39,24 Mio.
Die meisten Bundesbürger/-innen erwerbstätig: 2019 mit 45,24 Mio.

b) Der Anstieg der Erwerbstätigkeit war mit einer Steigerung von über einer Million von 2015 (43,12 Mio.) auf 2017 (44,25 Mio.) am stärksten.

c) Im Jahr 2019 waren 45,24 Mio. Menschen in Deutschland erwerbstätig. 4,5 % davon waren verbeamtet.

**I. Möglichkeit**
Dreisatz:

$$100\,\% \triangleq 45{,}24\text{ Mio.}$$

$$1\,\% \triangleq \frac{45{,}24\text{ Mio.}}{100}$$

$$4{,}5\,\% \triangleq \frac{45{,}24\text{ Mio.} \cdot 4{,}5}{100}$$

$$\approx 2{,}04\text{ Mio.}$$

**II. Möglichkeit**
Formel:
GW = 45,24 Mio., p = 4,5 %

$$PW = \frac{GW \cdot p}{100}$$

$$PW = \frac{45{,}24\text{ Mio.} \cdot 4{,}5}{100}$$

$$PW = 2{,}04$$

Im Jahr 2019 waren etwa 2,04 Mio. Bundesbürger/-innen als Beamtinnen und Beamte tätig.

d) Die Addition der Prozentwerte müsste eigentlich 100 % ergeben.
75,5 % + 10,5 % + 9,4 % + 4,5 % = 99,9 %
Da es sich um gerundete Werte handelt, um den Graph übersichtlich zu halten, kann es sein, dass die Summe nicht genau 100 % ergibt.

**Aufgabe 2** S. 147

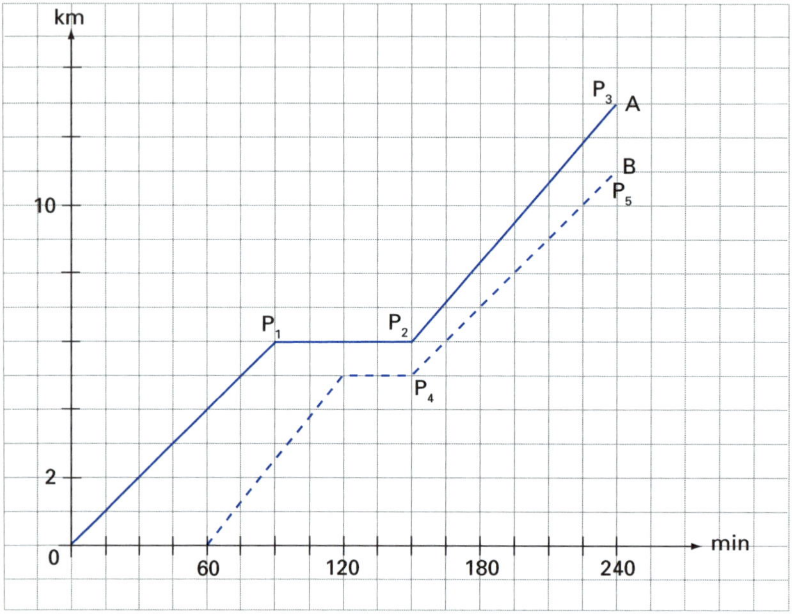


a) A ist 13 km gelaufen, B ist 11 km gelaufen.

b) Pause von A: 1 Stunde
Pause von B: $\frac{1}{2}$ Stunde

c) A ist 4 Stunden unterwegs, B ist 3 Stunden unterwegs.

d) Laufzeit von A: 3 Stunden
Laufzeit von B: $2\frac{1}{2}$ Stunden

**Aufgabe 3**

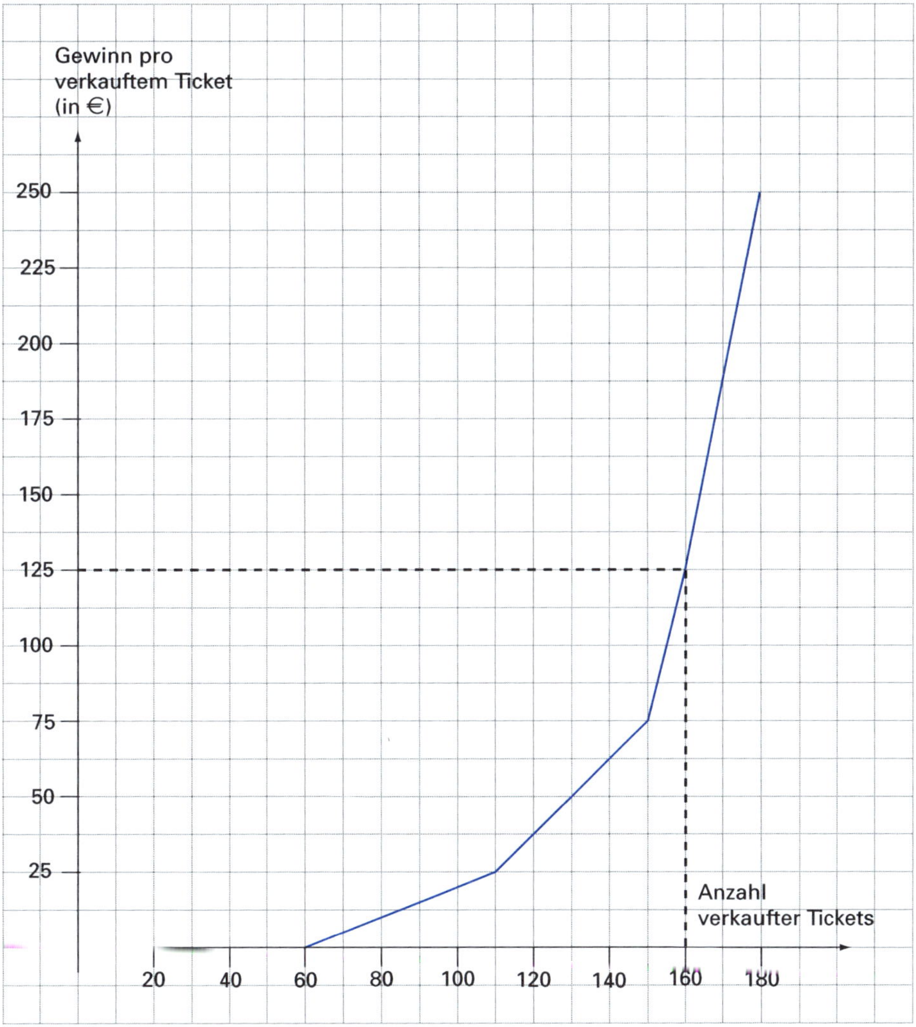


a) Wie man den gestrichelten Linien entnehmen kann, muss die Fluggesellschaft 160 Tickets verkaufen, um 125 € pro Ticket zu erwirtschaften.

b) Der Graph zeigt, dass nach dem 60. verkauften Ticket ein Gewinn erwirtschaftet wird. Die Fluggesellschaft sollte also mindestens 61 Tickets verkaufen, um überhaupt in die Gewinnzone zu gelangen.

**Aufgabe 4**

Zu Vase A gehört Graph ③, weil sich die Vase zu Beginn nur langsam füllt, dann aber stetig schneller, weil sie oben immer enger wird.

Zu Vase B gehört Graph ①. Hier steigt die Füllhöhe immer langsamer.

Zu Vase C gehört Graph ②, weil sich die Vase erst langsam füllt, dann aber immer schneller bis zur Mitte der Vase, wo sie am engsten ist. Danach füllt sich die Vase wieder zunehmend langsamer, weil sie oben erneut breiter wird.

**Aufgabe 5**

Allgemein gilt bei einem Zeit-Weg-Diagramm:
Je schneller eine Bewegung, desto steiler steigt der Graph.

Da Triathleten schneller Rad fahren als laufen, aber auch schneller laufen als schwimmen können, entspricht Schaubild C am besten einem wirklichen Triathlon.

## 2. Proportionalität und Antiproportionalität erkennen und nutzen

**Aufgabe 1**

Um die beiden Angebote zu vergleichen, muss man jeweils den Preis für 1 kg berechnen.

**Angebot A**

$$:3 \left( \begin{array}{l} 3\text{ kg} \triangleq 4{,}50\text{ €} \\ 1\text{ kg} \triangleq 1{,}50\text{ €} \end{array} \right) :3$$

**Angebot B**

$$:10 \left( \begin{array}{l} 10\text{ kg} \triangleq 12{,}00\text{ €} \\ 1\text{ kg} \triangleq 1{,}20\text{ €} \end{array} \right) :10$$

Angebot B ist günstiger (pro kg).

**Aufgabe 2**

Ein Gewinner bekommt den gesamten Betrag von 3000 €.
Die fehlenden Angaben berechnet man mithilfe einer antiproportionalen Zuordnung:

$$:2 \left( \begin{array}{l} 300\text{ €} \triangleq 10\text{ Gewinnern} \\ 150\text{ €} \triangleq 20\text{ Gewinnern} \end{array} \right) \cdot 2$$

(laut Tabelle)

Im Juni war die Anzahl an Gewinnern 20.

$$\cdot 10 \left( \begin{array}{l} 300\text{ €} \triangleq 10\text{ Gewinnern} \\ 3000\text{ €} \triangleq 1\text{ Gewinner} \end{array} \right) :10$$

Im März bekam der (einzige) Gewinner 3000 €.

### Aufgabe 3

Je mehr kg Teig vorhanden sind, umso mehr Pfannkuchen kann man backen. Also liegt eine proportionale Zuordnung (Quotientengleichheit) vor.

**Zuordnungstabelle** oder **Quotientengleichheit**

| | kg Teig | Anzahl Pfannkuchen | |
|---|---|---|---|
| : 3 | 1,5 | 24 | : 3 |
| · 9 | 0,5 | 8 | · 9 |
| | 4,5 | 72 | |

$$\frac{1{,}5}{24} = \frac{4{,}5}{x}$$
$$\frac{24}{1{,}5} = \frac{x}{4{,}5}$$
$$\frac{24 \cdot 4{,}5}{1{,}5} = x$$
$$\frac{108}{1{,}5} = x$$
$$72 = x$$

Er erhält 72 Stück Pfannkuchen.

### Aufgabe 4

3 · 0,77 € + 2 · 0,69 €
= 2,31 € + 1,38 €
= 3,69 €

Louis muss 3,69 € bezahlen, gibt aber einen 5-Euro-Schein: 5,00 € – 3,69 € = 1,31 €

Louis bekommt 1,31 € Wechselgeld zurück.

### Aufgabe 5

Hier liegt eine antiproportionale Beziehung vor, weil die Zahl der Arbeitsstunden umso kleiner wird, je höher die Anzahl der Holzfäller ist.

| | | |
|---|---|---|
| : 5 | 5 Holzfäller ≙ 15 Stunden | · 5 |
| · 3 | 1 Holzfäller ≙ 75 Stunden | : 3 |
| | 3 Holzfäller ≙ 25 Stunden | |

Drei Holzfäller würden 25 Stunden brauchen.

## Leitidee Daten und Zufall

S. 157

### 1. Daten erfassen, darstellen, aus- und bewerten

### Aufgabe 1

a) Berechnung der 3 Mittelwerte:

Lina: $\frac{80 + 87 + 84}{3} = 83{,}7$

Janine: $\frac{73 + 95 + 81}{3} = 83$

Kyra: $\frac{80 + 92 + 81}{3} = 84{,}3$

b) Da Kyra den höchsten Mittelwert (siehe a)) erzielt hat, lautet der Satz für Kyra etwa so:

Kyra ist **im Durchschnitt über die Jahre 2017, 2018 und 2019** die erfolgreichste Teilnehmerin.

Für Janine und Lina kann man sich nur auf das jeweils beste Einzeljahr beziehen:

- Janine war **im Jahr 2018** die erfolgreichste Teilnehmerin.
- Lina war **im Jahr 2019** die erfolgreichste Teilnehmerin.

**Aufgabe 2**

Wählt man 0,1 t als Einheit pro Kästchen auf der y-Achse, so braucht man 35 Kästchen. Dies ist zwar möglich, erzeugt aber ein sehr großes Schaubild. Sinnvoller ist es, 0,2 t als Einheit pro Kästchen zu wählen.

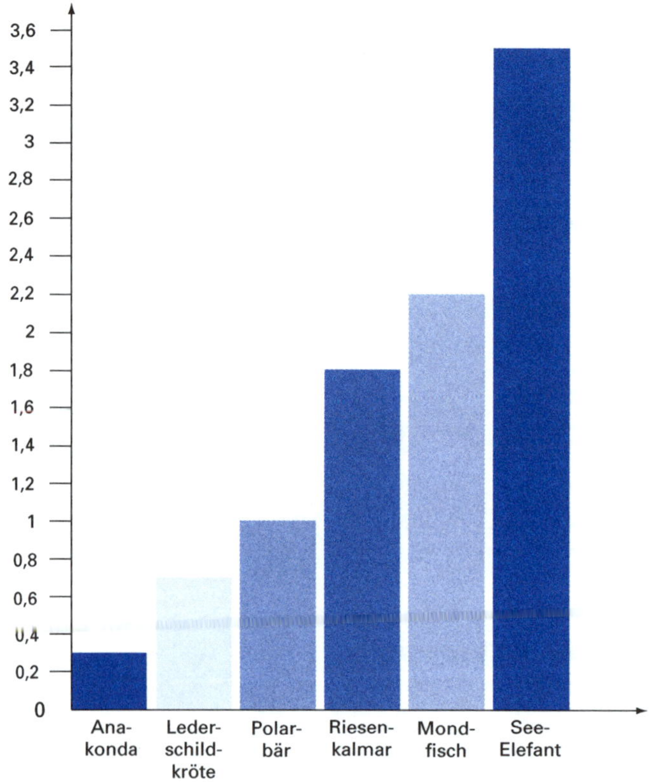

**Aufgabe 3**

a) Da alle Fächer zusammen 100 % ergeben, berechnet man den Prozentsatz für die sonstigen Fächer so:

100 % – 12 % – 15 % – 10 % – 40 % = 23 %

Gradzahlen für das Kreisdiagramm:

| | |
|---|---|
| Mathe: | 12 % von 360° = 0,12 · 360° = 43,2° ≈ 43° |
| Englisch: | 15 % von 360° = 0,15 · 360° = 54° |
| Deutsch: | 10 % von 360° = 0,1 · 360° = 36° |
| Sport: | 40 % von 360° = 0,4 · 360° = 144° |
| Sonstige: | 23 % von 360° = 0,23 · 360° = 82,8° ≈ 83° |

**Kreisdiagramm**

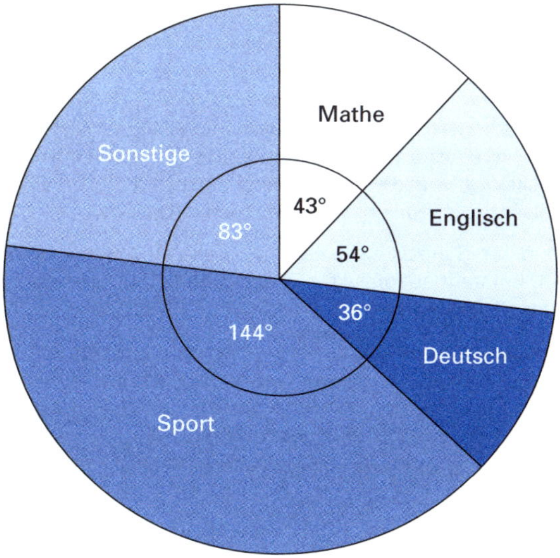


b) 40 % von 6000 = 0,4 · 6000 = 2400

### Aufgabe 4

a) Arithmetisches Mittel:

$$\frac{85 + 25 + 50 + 15\,000 + 35 + 20 + 95 + 35 + 55 + 220}{10}$$

= 1562 €

Zentralwert (= Median):
Zur Bestimmung des Zentralwertes müssen die Daten der Größe nach geordnet werden.

20 25 35 35 50 | 55 85 95 220 15 000

↓ Zentralwert

Da insgesamt 10 Daten vorliegen, liegt der Zentralwert zwischen dem 5. und 6. Datenwert. Dabei bildet man das arithmetische Mittel dieser beiden Datenwerte:

$$\text{Zentralwert} = \frac{50 + 55}{2} = \frac{105}{2} = 52{,}50\ €$$

b) Mögliche Gründe:

1. Der „Ausreißer" 15 000 zieht das arithmetische Mittel extrem in die Höhe. Damit liegt der Durchschnitt von 1562 € viel höher als 9 von 10 Datenwerten. Das arithmetische Mittel ist also nicht sehr aussagekräftig, was die überwiegende Anzahl der Datenwerte betrifft. Der Durchschnitt „verfälscht" hier zu sehr die tatsächlichen Daten.
2. Da die Journalistin nur Verluste in ihre Statistik einbezieht, mögliche Gewinne anderer Casinobesucher jedoch ignoriert, entsteht ebenfalls ein übertriebenes Bild über die „durchschnittlichen" Verluste der Casinobesucher.
3. Es ist statistisch sehr fragwürdig, ob eine kleine Datenmenge von nur 10 Werten überhaupt eine verallgemeinernde Schlussfolgerung über „alle" Casinobesucher zulässt. Um allgemeinere Aussagen über durchschnittliche Gewinne oder Verluste zu treffen, müsste man wesentlich mehr Casinobesucher befragen.

### Aufgabe 5

Summe aller Prozentwerte:
20 % + 25 % + 35 % + 20 % + 5 % = 105 %

Katja hat 5 % zu viel gezeichnet. Es kann bei dieser Fragestellung aber nicht entschieden werden, bei welcher Altersgruppe der Fehler liegt.

## 2. Wahrscheinlichkeiten verstehen und berechnen

### Aufgabe 1

Von 10 Kugeln sind 3 Primzahlen (13, 17, 19) in der Schale.

$\Rightarrow$ P(Primzahl) $= \frac{3}{10} = 0{,}3 = 30\ \%$

**Merke:** Primzahlen haben nur zwei Teiler.
P = {2; 3; 5; 7; 11; 13; …}

S. 161

### Aufgabe 2

a) Mögliche Ergebnisse (Kopf = K; Zahl = Z):
KK KZ ZK ZZ
„Günstiges" Ergebnis für „zweimal Zahl":
ZZ

Damit gilt:
P(„zweimal Zahl") $= \frac{1}{4} = 25\ \%$

b) Anzahl aller Möglichkeiten: 5 Hemden
Anzahl der „günstigen" Ergebnisse: 2 (kurzärmlige) Hemden
P(kurzärmlig) $= \frac{2}{5} = \frac{4}{10} = \frac{40}{100} = 40\ \%$

Der Vergleich von (a) und (b) ergibt, dass (b) wahrscheinlicher ist.

### Aufgabe 3

Bei allen Zahlenbrettern gilt:

$$P(E) = \frac{\text{Anzahl der günstigen Ergebnisse}}{\text{Anzahl der möglichen Ergebnisse}}$$

**Zahlenbrett 1**
9 Zahlen
3-mal die „1"

$P(E) = \frac{3}{9}$

$P(E) = \frac{1}{3}$

**Zahlenbrett 2**
24 Zahlen
8-mal die „1"

$P(E) = \frac{8}{24}$

$P(E) = \frac{1}{3}$

**Zahlenbrett 3**
6 Zahlen
2-mal die „1"

$P(E) = \frac{2}{6}$

$P(E) = \frac{1}{3}$

$\Rightarrow$ Die Gewinnchancen sind bei allen drei Zahlenbrettern gleich.

**Aufgabe 4**

① → Ⓑ Von 6 möglichen Zahlen gibt es 3 gerade Zahlen.
$\Rightarrow P(E) = \frac{3}{6} = \frac{1}{2}$ („zweifelhaft")

② → Ⓒ Die Summe von 3 Zahlen kann höchstens 9 ergeben.
$\Rightarrow P(E) = 0$ („unmöglich")

③ → Ⓔ Von 5 Kugeln sind 3 Kugeln schwarz.
$\Rightarrow P(E) = \frac{3}{5} \Rightarrow P(E) = 0{,}6$ („wahrscheinlich")

④ → Ⓓ Von 6 möglichen Zahlen sind 2 richtig, die 1 und die 6.
$\Rightarrow P(E) = \frac{2}{6} = \frac{1}{3} \Rightarrow P(E) = 33\ \%$ („unwahrscheinlich")

⑤ → Ⓐ Es gibt nur zwei Möglichkeiten, die beide richtig sind.
$\Rightarrow P(E) = 1$ („sicher")

**Aufgabe 5**

Ein Skatspiel besteht aus 32 Karten zu jeweils 8 Kreuz-, 8 Pik-, 8 Herz- und 8 Karo-Karten. Die Bild-Karten (Bube, Dame, König) sind jeweils 4-mal, die Ass-Karten 4-mal und jede der Zahlen-Karten (7, 8, 9, 10) 4-mal vertreten.

a) Es gibt 8 Herz-Karten.

Wahrscheinlichkeit $P(E) = \frac{8}{32} = \frac{1}{4}$

$P(E) = 25\ \%$

Die Wahrscheinlichkeit, dass eine Herz-Karte gezogen wird, beträgt 25 %.

b) Im Umkehrschluss (keine Herz-Karte) ist die Wahrscheinlichkeit, **keine** Herz-Karte zu ziehen:
100 % – 25 % = 75 %

c) Bube, Dame und König kommen jeweils 4-mal, also 3 · 4 = 12-mal, im Spiel vor.

Wahrscheinlichkeit $P(E) = \frac{12}{32} = \frac{3}{8}$

$P(E) = 37{,}5\ \%$

Die Wahrscheinlichkeit, eine Bild-Karte zu ziehen, beträgt 37,5 %.

# Hinführung zu den Wahlaufgaben

## Wahlaufgabe 1: Stadtbusse

a) Gesucht ist das kleinste gemeinsame Vielfache der Zahlen 10 und 14:

10, 20, 30, 40, 50, 60, $\boxed{70}$, 80, 90, 100 …

14, 28, 42, 56, $\boxed{70}$, 84, 98, 112, 126, 140 …

70 Minuten nach 6:00 Uhr, also um 7:10 Uhr, fahren beide Buslinien laut Fahrplan wieder gemeinsam vom Hauptbahnhof ab.

b) Wissenschaftliche Schreibweise:
$3\,700\,000 = 3{,}7 \cdot 10^6$
$4\,200\,000 = 4{,}2 \cdot 10^6$

Prozentuale Steigerung von 2017 bis 2018:
1. $4\,200\,000 - 3\,700\,000 = 500\,000$
2. $\frac{500\,000}{3\,700\,000} = \frac{5}{37} \approx 0{,}135 \mathrel{\widehat{=}} 13{,}5\ \%$

## Wahlaufgabe 2: Yellowstone Nationalpark

a)

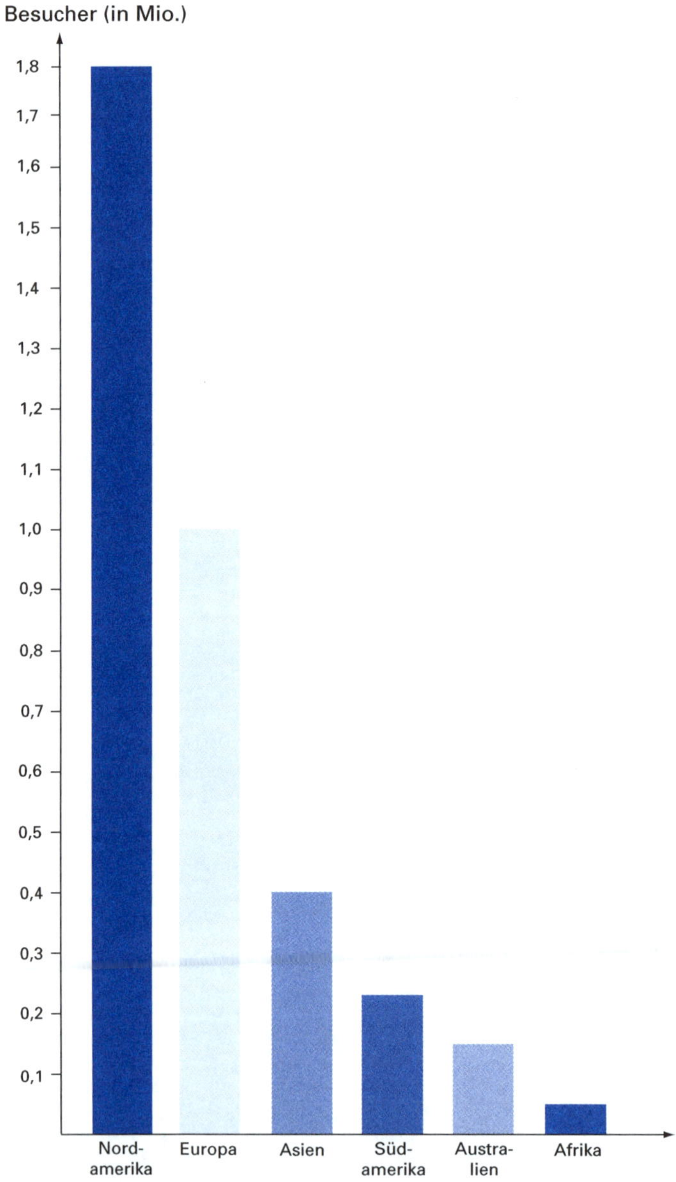

b) 2013 ≙ 100 %
2014 ≙ 110 %

$$\begin{aligned} 110\,\% &\triangleq 3{,}64 \text{ Mio.} \\ 1\,\% &= 0{,}0331 \text{ Mio.} \\ 100\,\% &= 3{,}31 \text{ Mio.} \end{aligned}$$

(: 110, then · 100 on both sides)

Im Jahr 2013 verzeichnete der Nationalpark 3,31 Mio. Besucher/-innen.

## Wahlaufgabe 3: Schwimmbad

a) Das Becken hat die Form eines Quaders. Also braucht man die Volumenformel eines Quaders. Außerdem muss man die Maße umrechnen. Da 1 l = 1 $dm^3$ ist, sollten alle Längen in dm umgerechnet werden.

$$\begin{aligned} 50 \text{ m} &= 500 \text{ dm} \\ 2 \text{ m} &= 20 \text{ dm} \\ 8 \cdot 2 \text{ m} = 16 \text{ m} &= 160 \text{ dm} \end{aligned}$$

Volumen des Beckens:
$V = a \cdot b \cdot c$ (Länge · Breite · Tiefe)

$$1\,440\,000 = 500 \cdot 160 \cdot c$$
$$1\,440\,000 = 80\,000 \cdot c$$
$$c = \frac{1\,440\,000}{80\,000}$$
$$c = \frac{144}{8}$$
$$c = 18$$
$$c = 18 \text{ dm} = 1{,}8 \text{ m}$$

b) Flächeninhalt eines Drachen: $A = \frac{e \cdot f}{2}$

$20 \cdot f = 50$ m  $e = 2$ m (Breite einer Bahn)

$f = \frac{50 \text{ m}}{20} = 2{,}5$ m

Also: $A = \frac{e \cdot f}{2} = \frac{2 \cdot 2{,}5}{2} = 2{,}5$

$A = 2{,}5 \text{ m}^2$

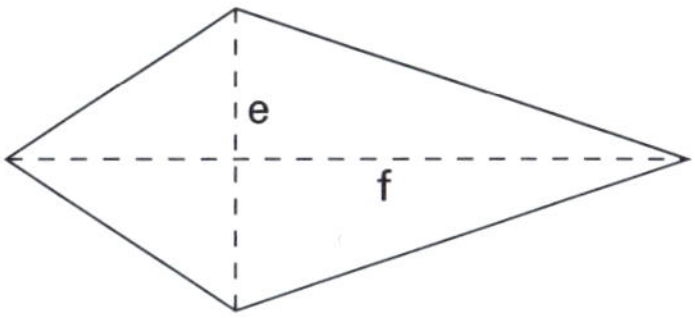

# Mathematik-Musterprüfung I – A

## Teil A1

### Aufgabe 1

$\frac{3}{2} : \left(1 - \frac{3}{4}\right)$

$= \frac{3}{2} : \frac{1}{4}$

$= \frac{3}{2} \cdot \frac{4}{1}$

$= 6$

### Aufgabe 2

(a) $\frac{14}{10}$ (= 1,4) (b) $\frac{14}{16}\left(= \frac{7}{8}\right)$ (c) $\frac{14}{20}\left(= \frac{7}{10} = 0{,}7\right)$ (d) $\frac{14}{9}\left(= 1\,\frac{5}{9}\right)$

### Aufgabe 3

Es sind die Rechtecke A und D.

### Aufgabe 4

[X] A hat ein Viertel der Stimmen bekommen.

[X] B, C und D haben zusammen 75 % der Stimmen bekommen.

### Aufgabe 5

Aus der Zeichnung kann man die Höhe h ablesen: h = 4 cm

$A_{Parallelogramm} = \overline{AB} \cdot h$

$12 = \overline{AB} \cdot 4 \quad | :4$

$\overline{AB} = 3$ cm

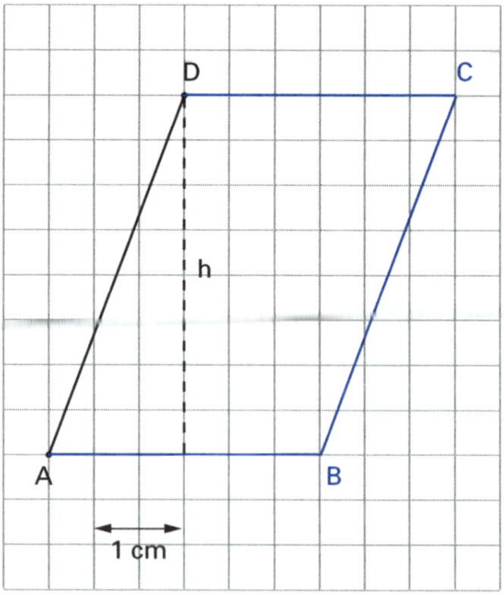

**Aufgabe 6**

| | | |
|---|---|---|
| G = 400 € <br> W = 300 € | p = 50 % | $p = \frac{450\ €}{900\ €} = \frac{1}{2} = 50\ \%$ |
| G = 900 € <br> W = 450 € | p = 25 % | $p = \frac{200\ €}{800\ €} = \frac{1}{4} = 25\ \%$ |
| G = 500 € <br> W = 100 € | p = 75 % | $p = \frac{300\ €}{400\ €} = \frac{3}{4} = 75\ \%$ |
| G = 800 € <br> W = 200 € | p = 10 % | $p = \frac{100\ €}{1000\ €} = \frac{1}{10} = 10\ \%$ |
| G = 1000 € <br> W = 100 € | p = 20 % | $p = \frac{100\ €}{500\ €} = \frac{1}{5} = 20\ \%$ |

**Aufgabe 7**

| | |
|---|---|
| $(x + 1) \cdot 2 + x = x - 4$ | I Klammer auflösen |
| $2x + 2 + x = x - 4$ | I zusammenfassen |
| $3x + 2 = x - 4$ | I – 2 – x |
| $2x = -6$ | I : 2 |
| $x = -3$ | |

**Aufgabe 8**

Die zugehörige Funktionsgleichung ist C: $y = -0{,}1x + 7{,}5$.

**Aufgabe 9**

$(2 + 5 + 8 + 0 + 3 + 0 + 4) : 7 = 28 : 7 = 4$
Im Durchschnitt gab es in diesem Urlaub 4 Sonnenstunden pro Tag.

**Aufgabe 10**

$35\,000\,000 = 3{,}5 \cdot 10^7$

## Teil A2

### Aufgabe 1

$V_{Münze} = \pi \cdot r^2 \cdot h$
$5 \cdot V_{Münze} = 5 \cdot \pi \cdot r^2 \cdot h$
$5 \cdot V_{Münze} = 5 \cdot \pi \cdot 3^2 \cdot 0{,}5$
$5 \cdot V_{Münze} = 70{,}7\ cm^3$

Die 5 Münzen haben also ein Gesamtvolumen von 70,7 $cm^3$. Dies ist auch das Volumen des Würfels, der aus den 5 Münzen gegossen werden soll.

$V_{Würfel} = a^3$
$70{,}7 = a^3 \quad | \sqrt[3]{\ }$
$a = \sqrt[3]{70{,}7}$
$a = 4{,}1\ cm$

Die Kantenlänge des Würfels beträgt 4,1 cm.

### Aufgabe 2

$W = G \cdot p\ \%$
$104 = 80 \cdot p\ \% \quad | : 80$
$p\ \% = 1{,}3 = 130\ \%$

Der Autofahrer überschreitet die zulässige Höchstgeschwindigkeit um 30 %.

### Aufgabe 3

Nach dem Satz des Pythagoras gilt:

$h_S^2 + 2^2 = 4{,}9^2 \quad | - 4$
$h_S^2 = 4{,}9^2 - 4 \quad | \sqrt{\ }$
$h_S = \sqrt{4{,}9^2 - 4}$
$h_S = 4{,}5\ cm$

Netz der Pyramide:

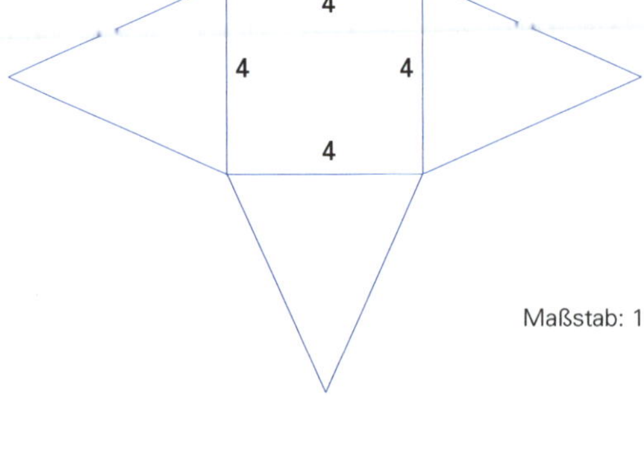


Maßstab: 1:2

**Aufgabe 4**

Auf der Mittelsenkrechten einer Strecke liegen alle Punkte, die von den Endpunkten der Strecke gleich weit entfernt sind. Also müssen die Mittelsenkrechten $m_{\overline{AR}}$, $m_{\overline{AD}}$ und $m_{\overline{DR}}$ gezeichnet werden (es würden auch schon zwei Mittelsenkrechten ausreichen). Der gemeinsame Schnittpunkt der Mittelsenkrechten ist der Ort, an dem die Versorgungsstation (V) errichtet werden muss.

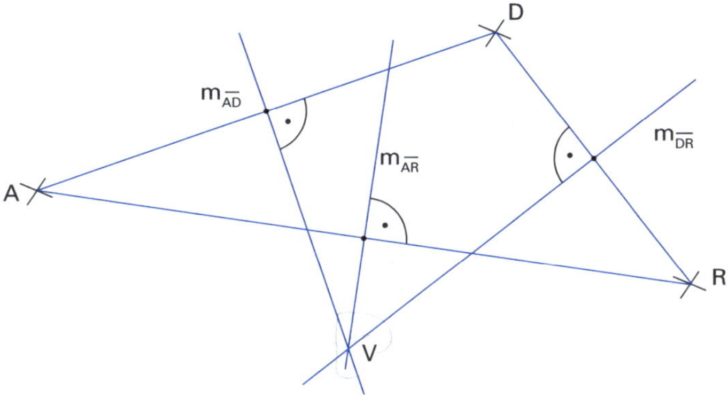


**Aufgabe 5**

Bei dem großen Würfel für 2014 sind Länge, Breite und Höhe jeweils doppelt so lang wie bei dem kleinen Würfel für 2004. Damit ist das Volumen des großen Würfels aber 2 · 2 · 2-mal, also 8-mal so groß wie das Volumen des kleinen Würfels. Die Grafik vermittelt also den Eindruck, als ob sich der Kohleverbrauch in China von 2004 bis 2014 verachtfacht hätte. Tatsächlich hat er sich aber „nur" verdoppelt.

## Teil B

**Aufgabe 1**

a) $W = G \cdot p\,\%$

$22{,}9 = 15{,}9 \cdot p\,\% \qquad |:15{,}9$

$p\,\% = 1{,}44 = 144\,\%$

In diesem Zeitraum sind die Verkäufe um 44 % angestiegen.

b) $100\,\% - 78\,\% = 22\,\%$

$W = G \cdot p\,\%$

$18\,500 = G \cdot 22\,\% \qquad |:22\,\%$

$G = 84\,090$

Im Jahr 2009 gab es in Deutschland etwa 84 090 öffentliche Telefone.

**Aufgabe 2**

a) Volumen des Quaders:

$V_Q = a \cdot a \cdot h$

$V_Q = a^2 \cdot h$

Volumen der Pyramide:

$V_P = \frac{1}{3} \cdot G \cdot h_P$

$V_P = \frac{1}{3} \cdot a^2 \cdot 18$

$V_P = a^2 \cdot 6$

$V_Q = V_P$, also:

$a^2 \cdot h = a^2 \cdot 6 \quad | : a^2$

$h = 6$ cm

Die Höhe h des Quaders ist 6 cm.

b) Man kann für diese Berechnung die Volumenformel des Quaders oder der Pyramide verwenden. Hier wird die Formel des Quaders verwendet:

$V_Q = a^2 \cdot h$

$42 = a^2 \cdot 6 \quad | : 6$

$7 = a^2 \quad | \sqrt{\ }$

$a = \sqrt{7}$

$a = 2{,}6$ cm

Die Seitenlänge a der quadratischen Grundfläche beträgt 2,6 cm.

**Aufgabe 3**

a) $\alpha + \beta + \gamma = 180°$

$5\beta + \beta + 96° = 180°$

$6\beta + 96° = 180° \quad | - 96°$

$6\beta = 84° \quad | : 6$

$\beta = 14°$

$\alpha = 5\beta$

$\alpha = 5 \cdot 14$

$\alpha = 70°$

b)

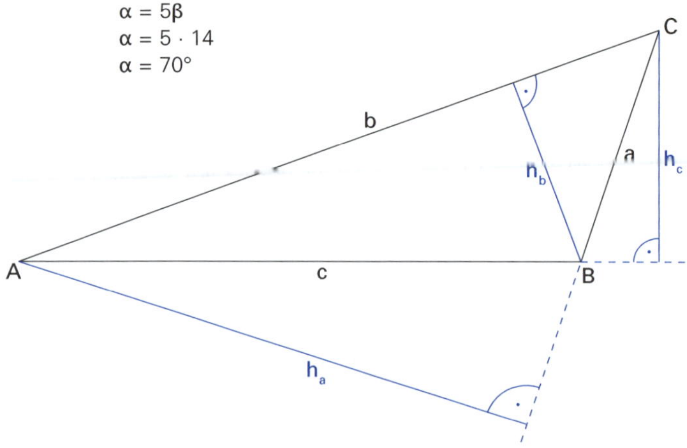

## Teil A1 (Pflichtteil)

### Aufgabe 1

☒ $2x + 4$

### Aufgabe 2

Die Zahlen müssen zwischen $\frac{1}{3} = \frac{4}{12}$ und $\frac{3}{4} = \frac{9}{12}$ liegen,

also z. B. $\frac{6}{12} = \frac{1}{2} = 0{,}5$ oder $\frac{8}{12} = \frac{2}{3}$.

Um festzustellen, ob die Zahlen größer als $\frac{1}{3}$ und kleiner als $\frac{3}{4}$ sind, müssen die Brüche gleichnamig gemacht werden, d. h. auf den gemeinsamen Nenner erweitert werden.

### Aufgabe 3

$154 \cdot 715 = 110\,110$

Damit das Ergebnis zwischen 110 und 120 liegt, müssen die Kommas insgesamt um 3 Stellen nach links verschoben werden, also:

$15{,}4 \cdot 7{,}15$ oder $1{,}54 \cdot 71{,}5$

### Aufgabe 4

$90{,}00\ € \mathrel{\hat{=}} 100\ \%$

$67{,}50\ € \mathrel{\hat{=}} \frac{100\ \% \cdot 67{,}5}{90} = 75\ \%$

Der neue Preis beträgt 75% des ursprünglichen Preises. Die Tasche wurde also um 25 % im Preis reduziert.

### Aufgabe 5

Das gleichseitige Dreieck hat einen Gesamtumfang von 9 cm.

Da es in der Aufgabenstellung um ein beliebiges Viereck geht, sind unendlich viele Lösungen möglich:

z. B. ein Rechteck oder Parallelogramm, wobei die Summe der Seitenlängen zweier benachbarter Seiten 4,5 cm betragen muss, also z. B. $a = c = 3$ cm, $b = d = 1{,}5$ cm.

Für ein Quadrat gibt es nur eine Lösung, nämlich $a = \frac{9}{4}$ cm = 2,25 cm. Für Rauten mit dieser Seitenlänge gibt es aber wieder unendlich viele Lösungen mit unterschiedlichen Winkeln.

Bei einem allgemeinen Viereck muss bei der Zeichnung darauf geachtet werden, dass die längste Seite kleiner als 4,5 cm ist, da sonst kein geschlossenes Viereck gebildet werden kann.

**Aufgabe 6**

$V = 5\text{ cm} \cdot 5\text{ cm} \cdot 5\text{ cm} - 3\text{ cm} \cdot 4\text{ cm} \cdot 5\text{ cm}$
$V = 125\text{ cm}^3 - 60\text{ cm}^3 = 65\text{ cm}^3$

Alternative Lösung:

Ich zerlege den Körper in zwei Quader mit den Seitenlängen a = b = 5 cm, c = 1 cm und einen dritten Quader in der Deckplatte des Körpers mit den Maßen 5 cm, 3 cm und 1 cm.
Daraus ergibt sich:
$V = 2 \cdot (5\text{ cm} \cdot 5\text{ cm} \cdot 1\text{ cm}) + 5\text{ cm} \cdot 3\text{ cm} \cdot 1\text{ cm}$
$V = 2 \cdot 25\text{ cm}^3 + 15\text{ cm}^3$
$V = 65\text{ cm}^3$

oder:

Ich zerlege den Körper in zwei Quader mit den Seitenlängen a = 5 cm, b = 4 cm, c = 1 cm und einen dritten Quader, die Deckplatte des Körpers, mit den Maßen 5 cm, 5 cm, und 1 cm.
Daraus ergibt sich:
$V = 2 \cdot (5\text{ cm} \cdot 4\text{ cm} \cdot 1\text{ cm}) + 5\text{ cm} \cdot 5\text{ cm} \cdot 1\text{ cm}$
$V = 2 \cdot 20\text{ cm}^3 + 25\text{ cm}^3$
$V = 65\text{ cm}^3$

**Aufgabe 7**

Die relative Häufigkeit beträgt bei der Klasse 9a $\frac{6}{30} = \frac{12}{60}$.

Die relative Häufigkeit beträgt bei der Klasse 9b $\frac{5}{20} = \frac{15}{60}$.

Die relative Häufigkeit ist also bei der Klasse 9b größer.

**Aufgabe 8**

Toms Bau besteht aus 3 + 5 + 6 Würfeln (vorne, in der Mitte und hinten), also 14 Würfeln.
Lisa hat vorne 4 Würfel und in der Mitte und hinten je 7 Würfel gesetzt, also insgesamt 18 Würfel.

**Aufgabe 9**

Die Reisegruppe hat $2 \cdot 48 = 96$ Personen.

$96 : 12 = 8$

Es werden mindestens 8 Boote benötigt.

### Aufgabe 10

Die Werte lassen sich aus der Grafik ablesen:

| x | -2 | 0 | 1 | 3 |
|---|---|---|---|---|
| y | -7 | -1 | 2 | 8 |

## Teil A2 (Pflichtteil)

### Aufgabe 1

In der Zeichnung beträgt die Höhe der Löwin 2,9 cm.
In Wirklichkeit beträgt die Höhe 2,9 cm · 40 = 116 cm = 1,16 m.

Die Löwin ist 1,16 m hoch.

### Aufgabe 2

80 € + 40 € + 20 € = 140 €

100 % ≙ 140 €

$75\ \% \triangleq \frac{140 \cdot 75}{100}\ € = 105\ €$

Im Geschäft A müsste er 105 € bezahlen.

60 € + 25 € + 15 € = 100 €

Im Geschäft B müsste er weniger, und zwar 100 € bezahlen.

140 € ≙ 100 %

$40\ € \triangleq \frac{100\ \% \cdot 40}{140} = 28{,}6\%$

Im Geschäft B hätte er 28,6 % gespart.

### Aufgabe 3

6371 km + 365 km = 6736 km

Der Radius der Umlaufbahn beträgt 6736 km.

$u = 2r\pi = 2 \cdot 6736\ \text{km} \cdot \pi \approx 42\,324\ \text{km}$

*(Je nach Genauigkeit des Rechners kann das Ergebnis variieren, mit π = 3,14 ergibt sich 43 302 km.)*

In 91 min legt die ISS 42 324 km zurück.
In 60 min legt sie $\frac{42\,324 \cdot 60}{91}$ km = 27 906 km zurück. *(bzw. 27 891 km)*
Die Raumstation ISS legt 27 906 km in 1 Stunde zurück.

**Aufgabe 4**

Die Länge eines Seilstücks lässt sich mit dem **Satz des Pythagoras** ausrechnen:

$c = \sqrt{(490\text{ cm})^2 + (1260\text{ cm})^2} = \sqrt{240\,100\text{ cm}^2 + 1\,587\,600\text{ cm}^2} = \sqrt{1\,827\,700\text{ cm}^2} \approx 1351{,}9\text{ cm}$

$2 \cdot 1351{,}9\text{ cm} = 2703{,}8\text{ cm} \approx 27{,}04\text{ m}$

Für beide Seilstücke werden mindestens 27,04 m benötigt.

**Aufgabe 5**

6 Personen schütteln jeweils 5 Personen die Hand. Wenn Person A Person B die Hand schüttelt, schüttelt Person B gleichzeitig Person A die Hand.

$6 \cdot 5 : 2 = 15$

Insgesamt werden 15 Mal Hände geschüttelt.

## Teil B (Wahlteil)

**Aufgabe 1**

a) Die Grundfläche A des Behälters beträgt:
$A = r^2\,\pi$

Das Volumen des Zylinders beträgt:
$V = A \cdot h = (35\text{ cm})^2 \cdot \pi \cdot 50\text{ cm} = 192\,422\text{ cm}^3$

$100\,\% \triangleq 192\,422\text{ cm}^3$

$95\,\% \triangleq \frac{192\,422 \cdot 95}{100}\text{ cm}^3 \approx 182\,801\text{ cm}^3$

In dem Behälter befinden sich 182 801 $cm^3$ Wasser.
*( Mit $\pi = 3{,}14$ ist das Ergebnis: 182 709 $cm^3$)*

Alternative Rechnung:

$95\,\%\text{ von }50\text{ cm} \triangleq \frac{95 \cdot 50}{100}\text{ cm} = 47{,}5\text{ cm}$

Der Behälter ist nur bis zur Höhe von 47,5 cm gefüllt.

$V = A \cdot h = (35\text{ cm})^2 \cdot \pi \cdot 47{,}5\text{ cm} = 182\,801\text{ cm}^3$

b) $210\text{ l} = 210\,000\text{ cm}^3$

Lösungsbeispiele:

21 cm · 100 cm · 100 cm
42 cm · 50 cm · 100 cm
20 cm · 20 cm · 525 cm
25 cm · 100 cm · 84 cm …

**Aufgabe 2**

a)

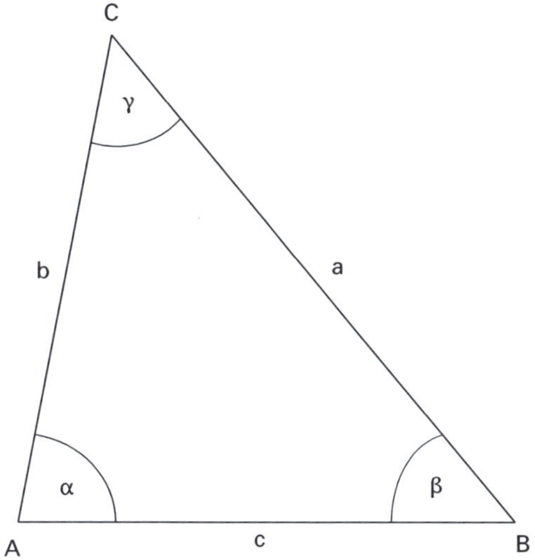


Da die Seiten b und c gleich lang sind, sind die Winkel β und γ ebenfalls gleich groß.
Die Winkelsumme im Dreieck ist 180°.

180° – 80° = 100°
100° : 2 = 50°

Winkel β = Winkel γ = 50°

b) Die Höhe $h_c$ = 5,9 cm

$$A = \frac{c \cdot h_c}{2} = \frac{6\text{ cm} \cdot 5{,}9\text{ cm}}{2} = 17{,}7\text{ cm}^2$$

Der Flächeninhalt beträgt 17,7 cm².

Um den gleichen Flächeninhalt des Dreiecks mit der Seite c = 10 cm zu erhalten, muss die Höhe $h_c$ berechnet werden.

$h_c = 17{,}7\text{ cm}^2 : 10\text{ cm} \cdot 2 = 3{,}54\text{ cm}$

Die Höhe des Dreiecks beträgt 3,5 cm.

Beispiele:

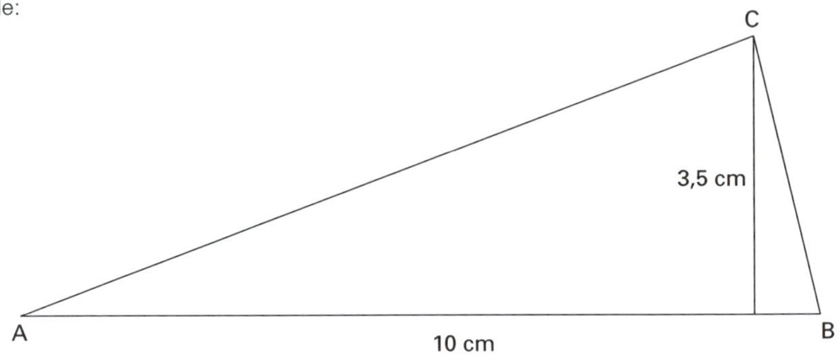


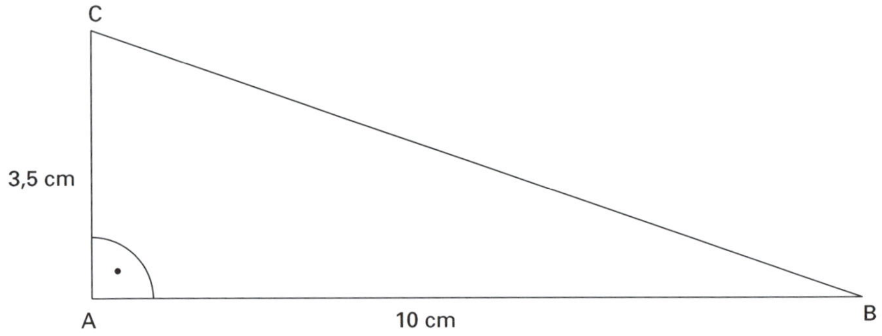


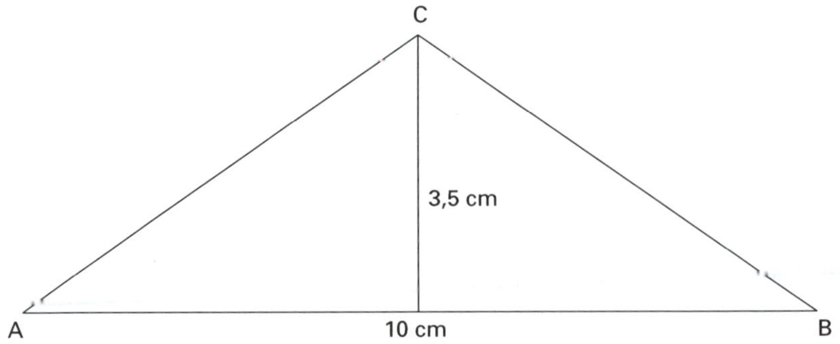

## Aufgabe 3

a) Firma Schnell: Graph (2)

Firma Flott: Graph (3)

Firma Eilig: Graph (1)

Wertetabelle **A**: Firma Eilig (1)
Wertetabelle **B**: Firma Flott (3)
Wertetabelle **C**: Firma Schnell (2)

b) Aus der Grafik lässt sich der Wert für 230 km grob abschätzen.

Firma Eilig, Angebot A: 180 €
Firma Flott, Angebot B: 0,70 € · 230 = 161 €
Firma Schnell, Angebot C: 90 € + 0,25 € · 230 = 90 € + 57,50 € = 147,50 €

Das Angebot der Firma Schnell ist am günstigsten.

Für die Klasse 10b kommt nur das Angebot der Firma Flott infrage, da die Firma Schnell einen Grundpreis von 90 € und die Firma Eilig einen Gesamtpreis von 180 € hat.

80,00 € : 0,70 € = 114

Die Klasse 10b kann maximal 114 km zurücklegen.

# Mathematik-Prüfung 2021

## Teil A1 (Pflichtteil)

### Aufgabe 1

☒ 10 075

### Aufgabe 2

2,5 l · 3 = 7,5 l

Mit 1 l kann man 4 Gläser füllen.

Mit 7,5 l kann man 7,5 · 4 Gläser = 30 Gläser füllen.

### Aufgabe 3

$3\,700\,000 \cdot 100 = 3{,}7 \cdot 10^8$

### Aufgabe 4

$100\,\% \triangleq 120\,€$ $\qquad 100\,\% - 75\,\% = 25\,\%$

$25\,\% \triangleq \frac{120 \cdot 25}{100}\,€ = 30\,€$

Der neue Preis müsste 30 € betragen, deshalb stimmt diese Aussage nicht.

### Aufgabe 5

$4 \cdot (3x - 2) = 8x + 7 - 6x - 10$ | ausmultiplizieren und zusammenfassen

$12x - 8 = 2x - 3$ | – 2x | + 8

$10x = 5$ | : 10

$x = 0{,}5$

**Aufgabe 6**

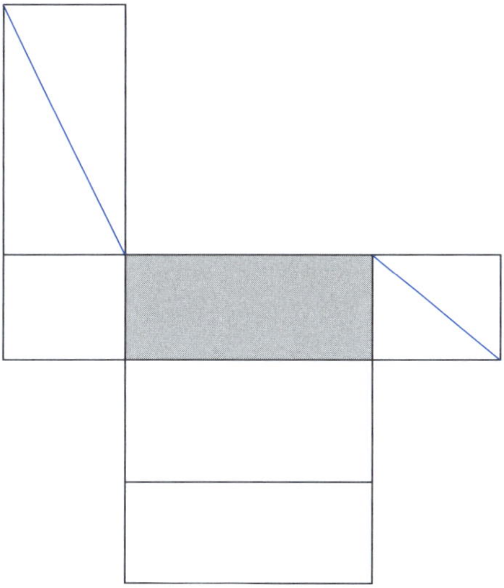

**Aufgabe 7**

Ja, weil die Grundseite und die Höhe bei allen drei Parallelogrammen gleich sind und damit auch der Flächeninhalt: $A = a \cdot h$

**Aufgabe 8**

$2 \cdot 1 + 3 \cdot 2 + 7 \cdot 3 + 3 \cdot 4 + 2 \cdot 5 = 51$
$51 : 17 = 3$

Der Durchschnitt ist 3.

### Aufgabe 9

25 von 50 sind 50 %, 10 von 50 sind 20 %, 15 von 50 sind 30 %.

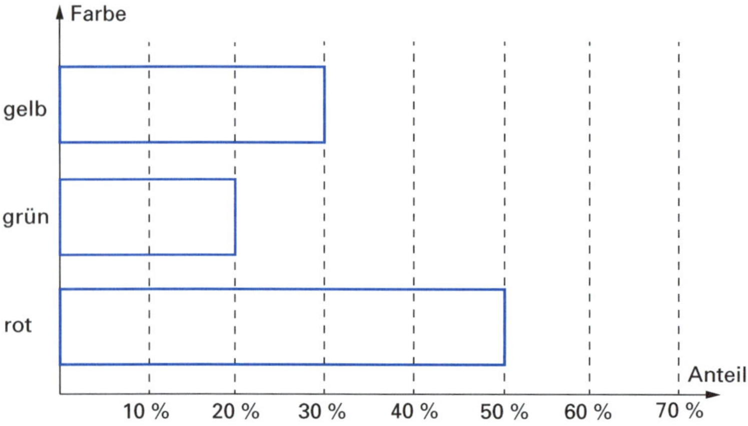


### Aufgabe 10

| | | | |
|---|---|---|---|
| **Gewicht in g** | 20 | 30 | 60 |
| **Anzahl der Schrauben** | 80 | 120 | 240 |

## Teil A2 (Pflichtteil)

### Aufgabe 1

100 % ≙ 1700 Mio. Papierbecher

70 % ≙ $\frac{1700 \cdot 70}{100}$ Mio. Becher = 1190 Mio. Becher = 1,19 Mrd.

Jährlich werden 1,19 Mrd. Plastikdeckel verwendet.

### Aufgabe 2

Oberfläche der Pyramide: O = G + M

$G = (10\text{ cm})^2 = 100\text{ cm}^2$

$M = 2 \cdot 10\text{ cm} \cdot 7\text{ cm} = 140\text{ cm}^2$

$O = 100\text{ cm}^2 + 140\text{ cm}^2 = 240\text{ cm}^2$

$240\text{ cm}^2 : 6 = 40\text{ cm}^2$

Die schraffierte Fläche des Würfels beträgt 40 cm².

**Aufgabe 3**

Bei einem rechtwinkligen Dreieck ist die Summe der Flächeninhalte der Quadrate über den Katheten gleich dem Flächeninhalt des Quadrats über der Hypotenuse.

$(4{,}5\text{ cm})^2 + (5{,}3\text{ cm})^2 = 20{,}25\text{ cm}^2 + 28{,}09\text{ cm}^2 = 48{,}34\text{ cm}^2 \neq 49\text{ cm}^2$

$a^2 + b^2 = c^2$

Thorsten hat nicht recht.

**Aufgabe 4**

Das Angebot 1 gehört zu Diagramm B,
das Angebot 2 gehört zu Diagramm A,
das Angebot 3 gehört zu Diagramm C.

Preis für 1000 Flyer:
Angebot 1: $1000 \cdot 0{,}39\text{ €} + 45{,}00\text{ €} = 390\text{ €} + 45\text{ €} = 435\text{ €}$
Angebot 2: $1000 \cdot 0{,}45\text{ €} = 450\text{ €}$
Angebot 3: $500 \cdot 0{,}49\text{ €} + 500 \cdot 0{,}39\text{ €} = 245\text{ €} + 195\text{ €} = 440\text{ €}$

Das Angebot 1 ist das günstigste.

**Aufgabe 5**

26, 27, 29, 36, 37, 39, 46, 47, 49

Die Zahlen 26, 36 und 46 sind gerade Zahlen.
Die Wahrscheinlichkeit, eine gerade Zahl zu erhalten, ist $\frac{3}{9} = \frac{1}{3}$.

## Teil B (Wahlteil)

### Aufgabe 1

a) 135° ≙ 270 Personen

$195° \triangleq \frac{270 \cdot 195}{135}$ Personen = 2 · 195 Personen = 390 Personen

Von den befragten Personen achten 390 Personen auf den Preis.

b) 7,5 cm + 5 cm + 2 cm + 1,5 cm = 16 cm

16 cm · 500 = 8000 cm = 80 m

2,5 m kosten 62,50 €

80 m kosten $\frac{62{,}50 \cdot 80}{2{,}5}$ € = 2000 €

Der Zaun kostet 2000 €.

### Aufgabe 2

a) Bei gleicher Summe der Seitenlängen eines Vierecks beinhaltet das Quadrat die größte Fläche.

40 Zaunteile : 4 = 10 Zaunteile

Die größte Fläche wird von dem Quadrat mit der Seitenlänge 10 Zaunteile gebildet.

b) $A_1 = 8 \cdot \frac{a \cdot h_a}{2} = 8 \cdot \frac{2 \cdot 2{,}41}{2}\ m^2 = 8 \cdot 2{,}41\ m^2 = 19{,}28\ m^2$

$A_2 = \frac{a + c}{2} \cdot h_a$

$19{,}28\ m^2 = \left(\frac{2 + 5}{2} \cdot x\right) m^2$

$19{,}28\ m^2 = 3{,}5\ m \cdot x\ m \quad | : 3{,}5\ m$

$x = 5{,}51\ m$

Die Länge der Dachform 2 beträgt 5,51 m.

### Aufgabe 3

a)

| Aussage | wahr | falsch |
|---|---|---|
| Je mehr Flächen es sind, umso größer ist die Wahrscheinlichkeit, eine bestimmte Farbe zu drehen. | | x |
| Die Wahrscheinlichkeit für jede Farbe ist gleich groß. | x | |
| Eine gewünschte Farbe ist lange nicht gedreht worden. Die Wahrscheinlichkeit, diese Farbe beim nächsten Mal zu drehen, ist nun höher. | | x |
| Wenn die Wahrscheinlichkeit, eine Farbe zu drehen bei 12,5 % liegt, dann ist das Glücksrad in 8 Flächen unterteilt. | x | |

b) $A_1$ (Rechteck) = 22,0 cm · 14,5 cm = 319 cm$^2$

$A_2$ (Trapez) = $\frac{22 + 16}{2}$ cm · $h_a$

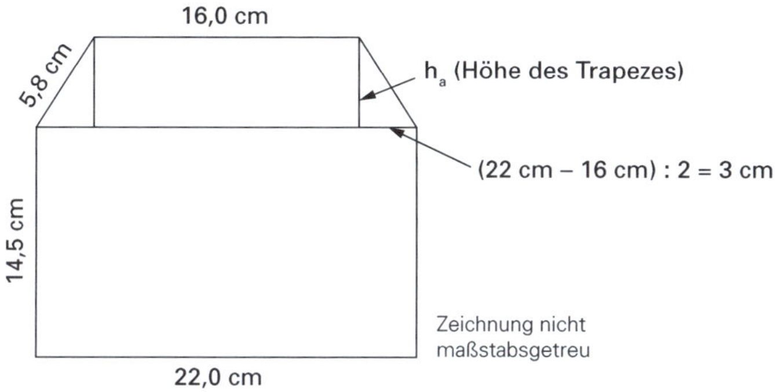


$h_a = \sqrt{c^2 - a^2} = \sqrt{(5{,}8\text{ cm})^2 - (3\text{ cm})^2} = \sqrt{33{,}64\text{ cm}^2 - 9\text{ cm}^2} = \sqrt{24{,}64\text{ cm}^2} \approx 5\text{ cm}$

$A_2$ (Trapez) = $\frac{22 + 16}{2}$ cm · 5 cm = 19 cm · 5 cm = 95 cm$^2$

$A_1 + A_2$ = 319 cm$^2$ + 95 cm$^2$ = 414 cm$^2$

Die Gesamtfläche beträgt 414 cm$^2$.

**Aufgabe 4**

a) **Bank A**

K (nach 1 Jahr): 1850 € + $\frac{1850 \cdot 0{,}9}{100}$ € = 1850 € + 16,65 € = 1866,65 €

K (nach 2 J): 1866,65 € + $\frac{1866{,}65 \cdot 0{,}9}{100}$ € = 1866,65 € + 16,80 € = 1883,45 €

K (nach 3 J): 1883,45 € + $\frac{1883{,}45 \cdot 0{,}9}{100}$ € = 1883,45 € + 16,95 € = 1900,40 €

Berechnung mit der Zinseszinsformel:

K (neu) = K · $\left(1 + \frac{p}{100}\right)^n$

= 1850 € · 1,009$^3$ €

= 1900,40 €

**Bank B**

K (nach 1 Jahr): $1850\,€ + \frac{1850 \cdot 0{,}4}{100}\,€ = 1850\,€ + 7{,}40\,€ = 1857{,}40\,€$

K (nach 2 J): $1857{,}40\,€ + \frac{1857{,}40 \cdot 1{,}1}{100}\,€ = 1857{,}40\,€ + 20{,}43\,€ = 1877{,}83\,€$

K (nach 3 J): $1877{,}83\,€ + \frac{1877{,}83 \cdot 1{,}3}{100}\,€ = 1877{,}83\,€ + 24{,}41\,€ = 1902{,}24\,€$

$1902{,}24\,€ - 1900{,}40\,€ = 1{,}84\,€$

Bei Bank B bekommt man nach 3 Jahren mehr Zinsen.

b)

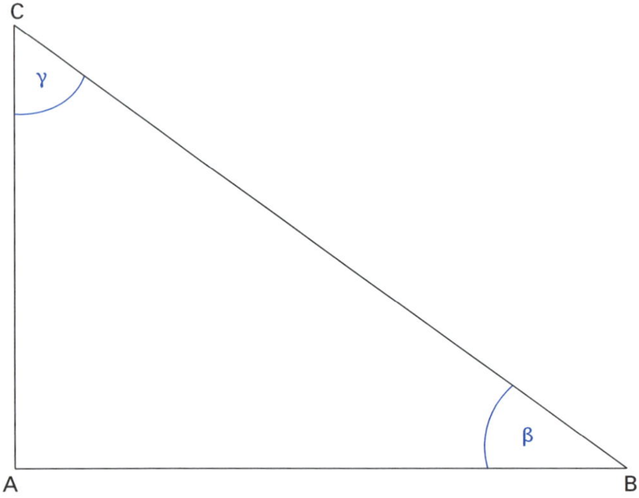


Ein gleichseitiges Dreieck ist drehsymmetrisch, daher sind die Mittelpunktswinkel gleich groß.

$\delta = 360° : 3 = 120°$

Andere Berechnung:
Durch die Winkelhalbierenden des gleichseitigen Dreiecks entstehen drei gleichschenklige Dreiecke. Da die Basiswinkel jeweils 30° betragen, ergeben sich für den Mittelpunktswinkel 120°.

## Ergebnisse auf einen Blick

Hier finden Sie schnell die richtigen Lösungen für die von Ihnen bearbeiteten Aufgaben.
Es sind nur die Endergebnisse ohne Lösungswege angegeben. Die ausführlichen Lösungswege sind auf den vorangegangenen Seiten dargestellt.

### Lösungen Musterprüfung I

**Teil A1 – Seite 82**

**1.** 6

**2.** a) $\frac{14}{10}$ (= 1,4) b) $\frac{14}{16}\left(= \frac{7}{8}\right)$

c) $\frac{14}{20}\left(= \frac{7}{10} = 0{,}7\right)$ d) $\frac{14}{9}\left(= 1\,\frac{5}{9}\right)$

**3.** A und D

**4.** A hat ein Viertel der Stimmen bekommen. (1. Lösung)
B, C und D haben zusammen 75 % der Stimmen bekommen. (2. Lösung)

**5.** siehe ausführliche Lösung; $\overline{AB}$ = 3 cm

**6.** siehe ausführliche Lösung

**7.** x = -3

**8.** C: y = -0,1x + 7,5

**9.** 4 Sonnenstunden pro Tag

**10.** $3{,}5 \cdot 10^7$

**Teil A2 – Seite 84**

**1.** 4,1 cm

**2.** 30 %

**3.** $h_S$ = 4,5 cm;
siehe ausführliche Lösung

**4.** siehe ausführliche Lösung

**5.** Die Grafik vermittelt den Eindruck, als ob sich der Kohleverbrauch in China von 2004 bis 2014 verachtfacht hätte. Tatsächlich hat er sich aber nur verdoppelt.

**Teil B – Seite 85**

**1.** a) 44 %
b) 84 090

**2.** a) 6 cm
b) 2,6 cm

**3.** a) β = 14°; α = 70°
b) siehe ausführliche Lösung

## Lösungen 2020

### Teil A1 (Pflichtteil) – Seite 87

1. ☒ $2x + 4$
2. z. B. 0,5 und $\frac{2}{3}$
3. 15,4 · 7,15 oder 1,54 · 71,5
4. 25 %
5. siehe ausführliche Lösung
6. 65 $cm^2$
7. rel. Häufigkeit bei 9b ist größer.
8. Tom: 14 Würfel, Lisa: 18 Würfel
9. 8 Boote
10. siehe ausführliche Lösung

### Teil A2 (Pflichtteil) – Seite 89

1. 116 cm = 1,60 m
2. 105 €; 28,6
3. 27 906 km
4. 27,04 m
5. 15 Mal

### Teil B (Wahlteil) – Seite 90

1. a) 182 801 $cm^3$
   b) z. B. 21 cm · 100 cm · 100 cm
2. a) $\beta = \gamma = 50°$
   b) 17,7 $cm^2$, siehe ausführliche Lösung
3. a) Schnell: Graph 2, Wertetabelle C
   Flott: Graph 3, Wertetabelle B
   Eilig: Graph 1, Wertetabelle A
   b) Schnell: 147,50 €
   114 km

## Lösungen 2021

### Teil A1 (Pflichtteil) – Seite 94

1. ☒ 10 075
2. 30 Gläser
3. $3{,}7 \cdot 10^8$
4. Die Aussage ist falsch.
5. $x = 0{,}5$
6. siehe ausführliche Lösung
7. Ja
8. 3
9. siehe ausführliche Lösung
10. Gewicht in g: 60
    Anzahl der Schrauben: 80

### Teil A2 (Pflichtteil) – Seite 96

1. 1,19 Milliarden
2. 40 $cm^2$
3. Er hat nicht recht.
4. 1B, 2A, 3C, günstigstes Angebot: 1
5. $\frac{1}{3}$

### Teil B (Wahlteil) – Seite 98

1. a) 390 Personen
   b) 2000 €
2. a) als Quadrat
   b) 5,51 m
3. a) falsch, wahr, falsch, wahr
   b) 414 $cm^2$
4. a) 1,84 €
   b) siehe ausführliche Lösung, $\delta = 120°$

## Notizen

# Notizen

S. 201

## A – Listening Comprehension

S. 202

### 1. Conversations

| | A | B | C |
|---|---|---|---|
| a) | | | x |
| b) | | x | |
| c) | | | x |
| d) | x | | |
| e) | | | x |

### 2. Voicemail message

| | |
|---|---|
| a) | Dr. Miller is ill. |
| b) | 8 am to 2 pm. |
| c) | Henry Street. |
| d) | 1122887. |
| e) | the beep. |

### 3. Conversation

| | A | B | C |
|---|---|---|---|
| a) | | | x |
| b) | | x | |
| c) | | x | |
| d) | x | | |
| e) | | | x |
| f) | | x | |

### 4. Interview

S. 203

| | Letter |
|---|---|
| a) | E |
| b) | C |
| c) | F |
| d) | D |
| e) | B |
| f) | A |

## B – Text-based Tasks

S. 204

**Part 1**

a) C b) D c) B d) A

### Text 1

**Part 2**

A d) B c) C e) D b) E a)

**Part 3**

a) false b) true c) not in the text d) false e) true

**Part 4**

a) A b) C c) A d) B e) C

**Part 5**

a) The idea was to draw attention to the many problems that are facing our environment.
b) The exhibition lasted for six months.
c) Some countries have hosted the main celebrations two or more times [...].
d) Each year the celebrations focus on a particular problem.
e) Whatever you do, you won't be alone.

## Text 2

**Part 2**

A b) B d) C a) D c)

**Part 3**

a) false b) false c) not in the text d) true e) true

**Part 4**

a) C b) B c) C d) A e) B

**Part 5**

a) If so, you're not alone.
b) Sometimes food was hard to find [...].
c) It's very difficult to climb in cold weather and storms, but Gerlinde loves it.
d) Some adventurers are always looking for a new challenge.
e) Amazingly, Erik is blind and he wants other blind people to have active lives too.

## Text 3

**Part 2**

A c) B d) C b) D a)

**Part 3**

a) true b) false c) true d) not in the text e) false

**Part 4**

a) B b) B c) A d) C e) A

**Part 5**

a) They put the bear in a lorry and took it to the mountains outside the city.
b) Big animals usually come into cities to find food.
c) Human food is very bad for the baboons' teeth because it has a lot of sugar.
d) But the city can be dangerous for baboons too.
e) Many people in Moscow like the dogs.

## C – Use of Language

S. Q 12

### Text 1

**Part 1**

1 feel  2 their  3 from  4 more  5 calm  6 are

**Part 2**

a) quicker  b) positive

**Part 3**

a) pain  b) enormous

**Part 4**

a) not inside a building
b) to realise something by seeing, hearing, or feeling it
c) to copy something

**Part 5**

- Why are trees actually needed for the survival of our planet earth?
- How can trees take in so much sunlight?
- What other things can you learn from trees?

### Text 2

S. Q 13

**Part 1**

1 everyone  2 who  3 snow  4 those  5 will  6 exploring

**Part 2**

a) warmer  b) ancient

**Part 3**

a) culture  b) discovery

**Part 4**

a) something extremely large in size, number, or amount
b) to like something more than something else
c) to keep a particular fact in your mind

**Part 5**

- How much does a journey to India cost?
- Where can I find out more about the actual travel dates?
- Do you offer solo tours as well or just group travels?

## Text 3

S. 214

### Part 1

❶ across ❷ do ❸ hunting ❹ for ❺ when ❻ mostly

### Part 2

a) hungrily b) frequently

### Part 3

a) quickly b) probably

### Part 4

a) changing from solid to liquid
b) to stay alive, especially in a difficult or dangerous situation
c) something happening often

### Part 5

- How many polar bears are left in the world?
- What can we do to help polar bears to survive?
- Do people living close to polar bears have guns to defend themselves?

## D – Writing

S. 216

### Part 1

**1.** From: chris.mart@mail.de
To: ronbest@mail.co.uk
Subject: our summer holidays

Hi Ron,

The bike tour along the south coast of England is my favourite. And we will probably sleep in a tent at different campsites. We can meet young people to play games or have dinner with in the open air.
Staying in your parents' holiday house sounds a bit boring. We would not meet any interesting people and we would only see the same lake and forest every day.

All the best,
Christoph

**2.** From: Charlotte_Schnei@mail.de
To: jess.todd@mail.ca
Subject: my summer job

Dear Jessica,

I would like to tell you about my summer job at the supermarket. My working hours are from 7 am to 1 pm Monday to Saturday. My job basically includes two things. First, stocking the shelves with food items and drinks. Second, I have to wipe the floors of the supermarket twice a day to keep it clean for the customers.
I get paid 9 € an hour, which is not bad at all. Have you found a holiday job already?

Take care,
Charlotte

**Part 2**

**1. A person very special to me**
I'd like to tell you about my granddad. He was caring, intelligent and above all he could always answer any questions I had. He was always patient, he never laughed, no matter how silly the question and he helped me whenever he could. I could always rely on him and in my thoughts I still talk to him and ask his advice. If I should ever become a granddad, I want to be that kind of rock for my grandchildren, too.

**2. My perfect day during school holidays**
The most important thing is sleeping in. Then I get up and have a nice long breakfast. Afterwards I cycle into town to meet my friends. There we stroll through the shopping mall, not necessarily buying stuff but just looking at the offers. After a quick lunch we go and check what new movies are on and go to the cinema for the afternoon show. In the evening I go home and have a nice supper with my family and spend some quality time with them, as well.

## A – Listening Comprehension

### Part 1

| | A | B | C |
|---|---|---|---|
| a) | | x | |
| b) | | | x |
| c) | | x | |
| d) | x | | |
| e) | x | | |

### Part 2

| | Weather forecast |
|---|---|
| a) | *10°* |
| b) | around 13° |
| c) | west and middle of the country |
| d) | has the best weather |
| e) | sunny there |

### Part 3

| | A | B | C |
|---|---|---|---|
| a) | | x | |
| b) | | | x |
| c) | | | x |
| d) | | x | |
| e) | x | | |

### Part 4

| | true | false | not in the text |
|---|---|---|---|
| a) | | x | |
| b) | x | | |
| c) | x | | |
| d) | | x | |
| e) | | | x |

## B – Text-based Tasks

### Part 1

a) B b) A c) C d) A e) C

### Part 2

A c) B d) C b) D e) E a)

### Part 3

a) true b) not in the text c) false d) true e) false

### Part 4

a) C b) C c) B d) A e) B

### Part 5

a) … but the different generations' online habits couldn't be more different.
b) Children under 17 are leaving the site …
c) It's changed my social life completely.
d) … their parents were the early adopters of the smartphone.
e) Is it only a matter of time until the generation above and below Peter catches up with the new trend for a less digital life?

## C – Use of Language

### Part 1

1 In  2 have  3 before  4 How  5 your  6 doing

### Part 2

a) ability  c) alone

### Part 3

a) quickly  b) at once  c) try

### Part 4

a) not as difficult as something else
b) giving all your attention to what you are doing
c) to get joy from something

### Part 5

- Why does everyone say social media is bad?
- What are the effects of too much social media?
- How can I learn to let go for a few hours?

## D – Writing

### Part 1: E-mail

From: c.bork@online24.de  To: wild-joshua@scot.co.uk
Subject: Trip to your school

Dear Joshua,

I am still thrilled about the trip to your school. I think your teachers are cool, especially Mrs Hughes. She has a great sense of humour and can explain Maths very well. The food in your canteen, however, was pretty awful, I'm afraid. What I really liked was the school trip to Loch Ness because of the beautiful countryside. Too bad we did not spot the monster Nessie, though ☺. One thing I found quite strange about Scotland was the weather. Do you often get this mix of rain and sunshine that we had all the time during our trip?

Please write back,
Christoph

### Part 2: Favourite Pet

I would like to have a dog but my parents would not let me have one. They keep saying that I would lose interest in the dog after a while and that they would then have to look after it. But they are wrong. First, I may not be good at tidying my room or helping in the house, but I would be prepared to be a responsible owner of a dog. Second, I would love to feed, pet and cuddle a dog. When you treat dogs right, they are very keen on making friends with you. Finally, as I like being outdoors in nature, I would not get tired of walking the dog, contrary to what my parents think.

## A – Listening Comprehension

### Part 1

| | A | B | C |
|---|---|---|---|
| a) | | | x |
| b) | x | | |
| c) | | | x |
| d) | | | x |
| e) | | x | |

### Part 2

| | Fitness classes |
|---|---|
| a) | 2015 |
| b) | punching, kicking |
| c) | Pound |
| d) | black room, only UV lights |
| e) | upbeat music |

### Part 3

a) E b) F c) H d) C e) A

### Part 4

a) B b) C c) A d) C e) B

## B – Text-based Tasks

### Part 1

a) A b) B c) A d) A e) C

### Part 2

a) B b) E c) C d) A e) D

### Part 3

a) false b) false c) true d) not in the text e) true

### Part 4

a) As a child he was fascinated by western films and their heroes …
b) On horseback he crosses the American states …
c) … in the end Lucky wins and brings them back to where they belong.
d) … there is much more than just the comic strips.
e) … the 'Lonesome Cowboy' is even with you at school – on pencil cases and school bags!

### Part 5

a) A b) B c) C d) C e) A

## C – Use of Language

### Part 1

❶ were ❷ most ❸ on ❹ took ❺ death ❻ while

### Part 2

a) found b) always

### Part 3

a) famous
b) injured

### Part 4

a) Pets are animals that live in people's flats or houses, almost as if they were normal family members. The most popular pets are dogs and cats.
b) to give a polite and/or friendly sign of welcome when meeting somebody
c) June is the sixth month of the year, after May and before July.

### Part 5

- What kind of food do dogs eat and how often do they need to be fed?
- Can it be dangerous for very small children to play with dogs?
- Where and when do dogs need to be put on a leash?

## D – Writing

### Part 1

From: Kiara.Herzog@online24-7.de To: info@yourdiner.co.uk
Subject: Application for holiday job as a waitress

Dear Madam or Sir,

My name is Kiara Herzog. I am 15 years old and I live in Schwäbisch-Hall, Germany.
For two reasons, waiting in a restaurant in England would perfectly fit my interests. First, my favourite school subject is English. Second, in the last two years I have gained quite some experience as a server in a Chinese restaurant and an ice-cream parlour.
Would you kindly let me know what the working times and the salary would be? And is there a particular dress code for servers in your restaurant?

Yours sincerely,
Kiara

## Part 2

Last month I spent a week in Munich. My aunt lives there, and she invited me over to stay at her place. This was her birthday present to me. Aunt Conny is really cool, and she showed me some of the most famous sights in Munich: the town hall with its glockenspiel clock tower, the Cathedral of Our Dear Lady ('Frauenkirche' in German), the Olympic Stadium and Nymphenburg Palace. One day, Conny took me to a traditional Bavarian restaurant, where we had pretzels ('Brezel' in German) and white sausages with sweet mustard. This is a typical Bavarian snack which is usually eaten before 12 noon. That was absolutely delicious. Munich is really a great place to visit!!

## A – Listening Comprehension

### Part 1

| | A | B | C |
|---|---|---|---|
| a) | | | x |
| b) | | x | |
| c) | x | | |
| d) | x | | |
| e) | | | x |

### Part 2

| | Museum Context |
|---|---|
| a) | gift |
| b) | frogs |
| c) | Victoria Street |
| d) | 1834 |
| e) | wizard |

### Part 3

a) C  b) E  c) G  d) D  e) A

### Part 4

a) B  b) B  c) A  d) B  e) C

## B – Text-based Tasks

### Part 1

a) A  b) C  c) C  d) B  e) B

### Part 2

a) D  b) E  c) B  d) A  e) C

### Part 3

a) false  b) true  c) not in the text  d) true  e) false

### Part 4

a) B  b) D  c) G  d) I  e) K

### Part 5

a) A  b) B  c) A  d) B  e) B

## C – Use of Language

### Part 1

❶ their ❷ was ❸ over ❹ teenagers ❺ became ❻ a lot of

### Part 2

a)saw b) soon c) beautiful

### Part 3

a) young b) first c) bigger

### Part 4

a) A teenager is a young person (male or female) aged between 13 and 19.
b) When somebody or something is popular, he, she or it is known and liked by many people.
c) to put colour on a surface / on something (with a brush or a roller)

### Part 5

Lösungsvorschläge:

- What made you start writing your tag on walls and in stations?
- When did you start painting?
- Where do you come from?
- How old are you now?
- What does your tag TAKI 183 mean?
- Do you like modern graffiti?
- Who is your favourite street artist?
- Have you ever had problems with the police?

## D – Writing

### Part 1

From: lena.schmitz@online24-7.de To: games@scottishhighlands.co.uk
Subject: Details about Highland Games

Dear Madam or Sir,

My name is Lena Schmitz. I am 15 years old and I live in Freiburg, Germany.
I would like to give a school presentation about the Highland Games. I have already found lots of pictures about the Games, but I am still short of video clips. If you have any videos of the Games, would you kindly email them to me? Maybe you also have funny video clips showing things that have gone wrong while tossing the caber, throwing hammers or lifting stones, for example.
Thank you in advance for your help.

Yours sincerely,
Lena (99 Wörter)

## Part 2

### My Best Holiday Ever

Last summer I had the best holiday ever. My parents took me on a two-week trip to the Greek island Santorini. The island is just fantastic. It was sunny and very warm throughout the entire two weeks, and we spent quite some time on breath-taking beaches. The water was deep blue and crystal clear. What I enjoyed most of all, however, were the evenings when my parents and I strolled around lovely villages which consist almost exclusively of bright white houses with blue doors, windows, gates or rooftops. And the food!!! I just loved the gyros, fried calamari and stuffed vine leaves. Believe me, nothing beats having dinner on Santorini, watching the sunset from the terrace of a cosy restaurant. (120 Wörter)

## Notizen

## Notizen